Eckhard Heck

111 Orte in Maastricht, die man gesehen haben muss

111

emons:

Onverschilligheid.
Die daaraan lijdt
Sterft voor zijn tijd

Jaap Sickenga 5-5-1942

Bibliografische Information der Deutschen Nationalbibliothek
Die Deutsche Nationalbibliothek verzeichnet diese Publikation in der Deutschen Nationalbibliografie; detaillierte bibliografische Daten sind im Internet über http://dnb.d-nb.de abrufbar.

FSC www.fsc.org MIX Papier aus verantwortungsvollen Quellen FSC® C083411

Gestaltung: Eva Kraskes, nach einem Konzept von Lübbeke | Naumann | Thoben
Kartografie: altancicek.design, www.altancicek.de
Kartenbasisinformationen aus Openstreetmap,
© OpenStreetMap-Mitwirkende, ODbL
Druck und Bindung: CPI – Clausen & Bosse, Leck
Printed in Germany 2017
Erstausgabe 2014
ISBN 978-3-95451-368-0
Aktualisierte Neuauflage August 2017

Vorwort

Schon geografisch gesehen ist Maastricht etwas Besonderes. Die südlichste Stadt der Niederlande »klebt«, wo sich Flandern und die Wallonie treffen, an der Grenze zu Belgien und liegt in Südlimburg, das wiederum von Belgien und Deutschland »umzingelt« ist. Nur ein schmaler Korridor im Norden verbindet es mit dem Rest des Königreichs. Die »Insellage« prägt von jeher das Selbstverständnis der Limburger und insbesondere der Maastrichter, die noch dazu über Jahrhunderte hinter den Mauern von Befestigungsanlagen lebten, deren Ausdehnung zeitweise beträchtlich größer war als die bewohnte Fläche der Stadt.

Wer möchte, kann sich in Maastricht auf eine Zeitreise begeben, die lange beginnt, bevor die Römer hier einen Fuß über die Maas setzten. Im Stadtbild findet der aufmerksame Besucher überall die Spuren einer wechselhaften Geschichte, denn nicht selten folgte den Zeiten, in denen die Stadt prosperierte, ein bitterer Niedergang. Heute herrscht wieder Goldgräberstimmung. Die Stadt lockt mit verkaufsoffenen Sonntagen und der Beschwörung der »bourgondischen Lebensart« Touristen aus aller Welt an, und die junge Universität (gegründet 1976) zieht vor allem ausländische Studenten an die Maas.

Wer sich indes eingehender – und unter Umgehung der touristischen Hotspots – mit der Stadt beschäftigt, wird feststellen, dass sich der Blick »hinter die Kulissen« außerordentlich lohnt. Maastricht hat sich unzählige Ecken und Kanten bewahrt, die es sehens- und vor allen Dingen höchst liebenswert machen.

111 Orte

1 Aan de Recentoren

Wie man sieht, sieht man (fast) nichts

Der Name irritiert zunächst. Der einzige Turm (toren), der hier steht, ist der Maaspunttoren, auch Lambrechtsrondeel genannt. Er war Teil der ersten Stadtumwallung (in Wyck ab 1318). 1869 wurde er abgerissen und 1913 wiederhergestellt. Den Recentoren muss man suchen. Fündig wird man, wenn man auf den Boden anstatt in die Luft schaut. Der Grundriss des ehemals südlichsten Turmes der Verteidigungswerke ist noch erkennbar. An diesem geschichtsträchtigen Ort empfiehlt sich ein Blick in die Vergangenheit Maastrichts.

Die Römer schlugen nicht weit von hier eine Brücke über die Maas, was vermuten lässt, dass Maastricht eine der ältesten Städte der Niederlande ist. Ab dem 13. Jahrhundert entsteht die erste Stadtumwallung, und Maastricht wird für die nächsten 600 Jahre eine Festungsstadt.

Der Recentoren (1485 erstmals erwähnt) war Teil der zweiten Befestigung. Mitte des 16. Jahrhunderts wird er auf Wallhöhe abgebrochen und eine halbrunde Geschützplattform angelegt. 1869 wird er vollends geschliffen. Die Lage der ersten und zweiten Umwallung kann man noch gut ausmachen. Am Maaspuntturm befindet sich eine aufschlussreiche Hinweistafel. Die Bögen der Brücke, die sich zwischen beiden Mauern befand und zum Recentoren führte, sind vor der »Bordenhal« (Tellerhalle) noch vorhanden. Die Halle, um 1880 erbaut, ist die Heimstatt der Theaterkompanie Maastricht. Ursprünglich wurden hier Keramiken aus der Produktion der Société Céramique bemalt, von der das Viertel und das Centre Céramique, die moderne Stadtbibliothek, die von hier aus zu sehen ist, ihren Namen erhielten.

Oberhalb von Aan de Recentoren liegt der »Platz 1992«. Er führt die historische Jahreszahl im Namen, die sich auf die Unterzeichnung der Maastrichter Verträge bezieht. Noch jüngeren Datums ist die Fußgängerbrücke »Passerelle Céramique«, die im Allgemeinen als »Hoge Brug« bezeichnet wird. Sie wurde 2003 gebaut.

Adresse Aan de Recentoren, 6221 Maastricht | ÖPNV Busse 1, 5, 50, 57, Haltestelle Avenue Céramique/Sphinxlunet | Tipp Die Rekonstruktion eines Wassertores, das der Stadtarchitekt Pierre Cuypers 1887, nur sieben Jahre nach dem Abriss, wiederherstellen ließ, steht etwas nördlich (Ecke Stenewal/Waterpoort).

2 Die Achterbahn am Bahnhof

Entscheidend ist, dass man hinten wieder rauskommt

Die Fahrgeschäfte auf der großen Kirmes auf dem Vrijthof werden von Jahr zu Jahr spektakulärer. Der Trend scheint zu sein, die Fahrgäste wie Anwärter für eine Mars-Mission zu behandeln und an ihre physischen Grenzen zu bringen. Das kann man auch billiger haben und noch dazu jeden Tag. Die Unterführung am Bahnhof macht es möglich. Alles, was man braucht, ist ein Fahrrad oder ein Bromfiets, also einen Motorroller. Letztere dürfen hier auch auf Radwegen benutzt werden. Und los geht's.

Stadtauswärts auf die Akerstraat auffahren. Der Radweg führt automatisch in die Unterführung, wenn man sich nicht mutwillig dagegen wehrt. Locker durchrollen lassen. Es geht schnurgeradeaus, und man kommt am Scharnerweg heraus. Der gute Teil kommt auf der anderen Straßenseite. Hinter der Unterführung wenden, die Straße überqueren und aus entgegengesetzter Richtung in den Tunnel fahren. Sobald der Radweg abschüssig wird, heißt es Tempo machen. Mit maximaler Geschwindigkeit geht es auf die Tunnelöffnung zu. Sobald man sie erreicht, erblindet man kurz aufgrund des Helligkeitsunterschieds. Während man inständig hofft, dass einem niemand entgegenkommt (es passiert!), rast man auf eine S-Kurve zu. Bremsen ist keine Option. Irgendwie kommt man durch und donnert auf der anderen Seite heraus und auf eine Betonwand zu, die sich aus dem gleißenden Licht schält. Profis versuchen so spät wie möglich vor der Mauer zu bremsen. Der Weg knickt scharf ab. Auf einer leichten Schräge geht es hinauf zur Spoorweglaan. Wer sich hier durchhängen lässt, erntet hässliche Kommentare von nachfolgenden Jet-Piloten. Die Prozedur mehrmals wiederholen!

Als Fußgänger sollte man die Unterführung eher meiden. Es gibt zwar einen schmalen Fußweg, aber es gelten die »Regeln der Straße«, und der Maastrichter lebt seine persönliche Rache für die Geschwindigkeitsbeschränkung auf den niederländischen Autobahnen hemmungslos aus.

Adresse zwischen Akerstraat und Scharnerweg, 6221 Maastricht | ÖPNV Busse 3, 4, 6, 10, 51, 53, Haltestelle Koningsplein | Tipp Am nahen Centre Céramique kann man für eine kleine Architektur-Tour die Bellefroidlunet bis zum Bonnefantenmuseum nehmen und kommt dann durch den Charles Eyckpark zurück.

3 Adriaan de Smaakmaker

Wo es ans Eingemachte geht

Angeliek, ursprünglich aus Brabant, und James, unüberhörbar aus England, waren nicht die geborenen Ladenbesitzer, als sie die Gelegenheit ergriffen, Adriaan de Smaakmaker zu übernehmen. Und richtig, keiner von beiden heißt Adriaan. Das Geschäft trug einfach schon immer diesen Namen, und so blieben sie dabei. 2015 feiern sie ihr zehnjähriges Jubiläum an der St. Pieterstraat. Bereut haben sie bisher nicht, dass sie ihre Jobs in der Gastronomie dafür aufgegeben haben. Die beiden stehen jetzt öfter hinter der Ladentheke als am Herd, denn gekocht im klassischen Sinne wird hier nicht. Gerührt wird aber trotzdem in allerlei Töpfen in der kleinen Küche hinter dem Verkaufsraum, und man kann dabei zusehen, wie das verarbeitet und abgefüllt wird, was nur kurze Zeit später in den Regalen steht.

Hauptsächlich Marmeladen, Chutneys, Senf, Mayonnaisen, Essige, Öle und Vinaigretten bekommt man beim »Geschmacksmacher«. Wichtig ist, dass die verwendeten Zutaten saisonal eingekauft und umgehend verarbeitet werden. Entsprechend ändert sich auch das Angebot. So erhält der Kunde hier immer maximale Frische und nichts, was bereits im Frühjahr produziert und monatelang gelagert wurde, um erst im Herbst verkauft zu werden. Manche Produkte, die sich von Natur aus sowieso länger halten, sind durchgehend verfügbar.

Auch Ausgefallenes ist im Angebot, wie der »Stadtparkhonig« eines lokalen Imkers, für den fleißige Bienen nicht weit von hier den Blütenstaub sammeln. Mit Ausnahme einiger Gewürze wird generell alles von Erzeugern aus der Umgebung gekauft, zum Beispiel Quitten, die in Maastricht wegen des kalkhaltigen Bodens gut gedeihen. Einfach Umschauen reicht in der Regel, um bei Adriaan auf den Geschmack zu kommen. Es gibt aber auch Kostproben. Noch dazu sind die Preise überraschend günstig, sodass man Lust hat, sich von vorne bis hinten durch die Regale zu schlemmen.

Adresse St. Pieterstraat 36, 6211 JN Maastricht, Tel. 0031/433258865 | ÖPNV Busse 4, 150, Haltestelle St. Pieterstraat | Öffnungszeiten Di–Fr 10–18 Uhr, Sa 10–17 Uhr | Tipp Wem zum Brotaufstrich noch leckeres Brot fehlt, geht ein paar Häuser weiter bis zum Anfang der Maastrichter Heidenstraat. Dort ist eine der beiden Filialen von Le Salonard, der besten »neuen« Bäckerei in Maastricht, in der man auch hervorragenden Käse und feinen Wein bekommt.

4 Der algemene Begraafplaats

Tieferlegen seit 1800

»Wie Père Lachaise, nur ohne die Hügel«. Klingt nicht gerade nach einer schmeichelhaften Umschreibung. Gemeint ist damit jedoch, dass der größte Friedhof in Maastricht, abgesehen von der Topografie, genauso viele Reize hat wie der berühmte Friedhof in Paris. Die ältesten Grabstätten stammen von 1811. Zu den bekannten Persönlichkeiten, die hier zu Grabe getragen wurden, zählt Johannes Petrus Minckeleers (1748–1824). Die kleine Statue an seinem Grab zeigt den Erfinder »not amused«, so als würde er ahnen, dass man seiner Statue mit der »ewig brennenden Flamme« 2014 auf dem Marktplatz aus Kostengründen das Gas abdreht. Alfons Olterdissen (1865–1923) hingegen lächelt zufrieden. Der erste »Tourismusbeauftragte« Maastrichts schrieb die Musik der offiziellen Hymne der Stadt, deren Melodie angeblich wie die Nationalhymne Albaniens klingt.

Interessanterweise geht man hierorts in Sachen Beisetzung weit über den ökumenischen Gedanken hinaus. Waren ursprünglich nur Beisetzungen von Menschen römisch-katholischen, protestantischen und jüdischen Glaubens vorgesehen, so konnten ab 1920 auch Atheisten, »Andersdenkende« und sogar ungetaufte Kinder und Selbstmörder hier bestattet werden. Seit 1983 werden hier auch Muslime beerdigt. Unentspannter ist man, wenn es um die Gestaltung der Grabmale geht. Die Grabstelle AC 060 (leicht vom Eingang an der Javastraat aus zu finden) sorgte für große Aufregung, als der Künstler Han van Wetering (siehe Seite 206) den von ihm gestalteten Grabstein für seine verstorbene Frau Ingrid aufstellen ließ. Die Maastrichter haben es mit dem Querdenker nicht leicht, aber das ist wahrscheinlich umgekehrt genauso.

Bei einem Rundgang sollte man keinesfalls die Kapelle und den sich hinter ihr erhebenden Riesenmammutbaum auslassen, der mit circa 40 Metern der höchste Baum Maastrichts ist. Sehr sehenswert ist auch der jüdische Teil des Friedhofs.

Adresse Tongerseweg 292, 6215 AC Maastricht, Tel. 0031/433430352, Eingänge am Tongerseweg und an der Javastraat | **ÖPNV** Bus 62, Haltestelle Tongerseweg Kerkhof, oder Busse 34, 62, Haltestelle Javastraat | **Öffnungszeiten** Nov. – März Mo – Fr 8 – 13 Uhr, April – Okt. Mo – Fr 8 – 20 Uhr, Sa und So 8 – 16.30 Uhr | **Tipp** Der Friedhof Oostermaas liegt, wie der Name bereits sagt, östlich der Maas (am Ende der Frankenstraat) und ist ebenfalls einen Besuch wert.

5 Der Ampèreplantsoen

Die Löwinnen von Marjolijn Mandersloot

Eine Spur von Abfall zieht sich bis zum nächsten leeren Mülleimer. Am Ampèreplantsoen in Wittevrouwenveld tun Angehörige sozialer Randgruppen, was sie meistens tun. Man stellt sich vor, dass die sechs gusseisernen und zentnerschweren Löwinnen von Marjolijn Mandersloot irgendwann, in fünftausend Jahren vielleicht, hier die Ruinen der Kirche Onze-Lieve-Vrouw-van-Lourdeskerk bewachen werden. Aus der Distanz betrachtet, wird die Generation, die heute hier Kaugummi auf dem Asphalt hinterlässt und bedeutsam gestikuliert, während sie mobil telefoniert, dann relativ bedeutungslos sein.

Das Kloster der »Büßerinnen der Maria Magdalena«, wegen ihres weißen Habits die »weißen Frauen« genannt, stand einst dort, wo heute das Theater am Vrijthof ist. Der Orden besaß auch außerhalb Ländereien, denen Wittevrouwenveld seinen Namen verdankt. In den 1970er und 1980er Jahren wurden viele Arbeiterwohnungen, die nach dem Krieg hier gebaut wurden, wieder abgerissen und durch Bausubstanz ersetzt, die diesen Namen nicht verdient. Die Menschen, die hier wohnen, lebten vorher in »Problemvierteln« wie dem Ravelijn (siehe Seite 222). Es ist nur eine Frage der Zeit, bis man wieder alles niederreißt und die Leute erneut entwurzelt, um sie, vermutlich genauso erfolglos wie in der Vergangenheit, wieder irgendwo anders hin zu verpflanzen. Durch die Untertunnelung der A 2, die keine 100 Meter von hier verläuft, hofft man, die Barriere zwischen Wyckerpoort und Wittevrouwenveld aufzuheben. Der Ampèreplantsoen könnte dann zur »neuen Mitte« im Nordosten Maastrichts werden. Ganz in der Nähe, in der Frankenstraat, stehen die Zeichen schon auf Gentrifizierung: Das erste Tattoo-Studio wurde bereits eröffnet. Der Himmel über Maastricht zieht sich zu. Die Löwinnen behaupten ihr Terrain. Selbstbewusst stehen sie »im Weg« und besetzen das große Rund der Stufen, das jetzt schon einen Hauch von Vergangenheit verströmt.

Adresse Ampèreplantsoen, 6224 Maastricht | ÖPNV Bus 3, Haltestelle Frankenstraat | Tipp In Wittevrouwenveld findet man etliche Gebäude von Frits Peutz, der auch die Jan van Eyck Academie entworfen hat. Die im Kapitel erwähnte Kirche und die Villa 't Sonnehuys (Scharnerweg) stammen von ihm.

6 Das Antiquariat Bremmers

Manchmal auch Rembrandt

Mal ist hier Norden, mal dort, aber wie man die alten Karten auch dreht, aus heutiger Sicht scheint das alles nicht so recht zu passen. Um sie zu verstehen, muss man sich in die Zeit versetzen, in der sie angefertigt wurden. Die Notwendigkeit präziser Maßstäbe oder die Vereinbarung, dass Norden nun mal oben und Süden unten zu sein hat, gab es bis zur Mitte des 18. Jahrhunderts nicht. Karten wurden generell kaum zur Orientierung benutzt, sondern waren oft einfach dekorativer Natur. Und statt geografischer Fakten bildeten sie beispielsweise die Machtverhältnisse oder die wirtschaftliche Bedeutung von Orten ab.

Paul Bremmers ist Spezialist auf dem Gebiet der Druckgrafik. Der ehemalige Lehrer für Geschichte und Geografie hat den Beruf 1997 gegen die Selbstständigkeit eingetauscht. Seitdem handelt er von Maastricht aus mit Gedrucktem aus dem 17. und 18. Jahrhundert mit einem Schwerpunkt auf Karten, Atlanten und Städteansichten. Er führt aber auch sogenannte Meistergrafik von Dürer oder Breughel, und manchmal ist auch ein Rembrandt dabei. Das sei allerdings selten, genau wie lukrative Dachbodenfunde, aber ab und zu müsse man eben auch mal Glück haben, sagt er.

Am Eingang stehen Pakete, die nach Übersee gehen. Die meisten Geschäfte werden über den Postweg abgewickelt, Bremmers hat Kunden auf der ganzen Welt.

In den Laden kommen Leute, die das haptische Erlebnis suchen und ganz generell neugierig auf Antikes und Lehrreiches sind. Im Gegensatz zum Museum darf man hier alles anfassen. Das älteste Stück, das momentan im Laden zu finden ist, stammt aus dem Jahr 1492. Der Holzdruck zeigt die früheste bekannte gedruckte Darstellung Maastrichts. Dass das, was man da gerade in Händen hält, im gleichen Jahr hergestellt wurde, in dem Kolumbus Amerika entdeckte, lässt einen dann doch für einen Moment den Atem stocken.

Adresse Brusselsestraat 91, 6211 PC Maastricht, Tel. 0031/433253762 | **ÖPNV** Busse 1, 2, 5, 6, von der Haltestelle Koningin Emmaplein muss man die Brusselsestraat relativ weit bis zur Nummer 91 zurücklaufen | **Öffnungszeiten** Nach Vereinbarung oder spontan klingeln, wochentags ist meistens jemand da. | **Tipp** Um die Ecke, St. Nicolaasstraat 7, ist der Kunstverein HEDAH Centrum voor Hedendaagse Kunst Maastricht, der sehr lohnende Ausstellungen zeitgenössischer Kunst bietet.

7 Die Bäckerei Hermans

In diesem Sinne … weitermachen!

Es kommt nicht selten vor, dass die Kunden vor der Bäckerei Mathieu Hermans in einer langen Schlange anstehen und geduldig warten, bis sie an der Reihe sind. Anstatt sich zu beschweren, wird ein Schwätzchen gehalten. Man kennt sich. Viele kommen aus der Nachbarschaft und schon seit Jahrzehnten. Gut möglich, dass manch einer noch bei Mathieu senior eingekauft hat, der das Geschäft 1936 zusammen mit seiner Frau gründete. Frau Hermans stammte aus einer Bauernfamilie. Mit der Verarbeitung von Obst kannte sie sich aus, und die Füllungen und den Pudding für die Vlaais, die Kuchenspezialität, die typisch für das Dreiländereck ist, stellte sie selbst her.

Schon früh war Hermans wegen seiner Vlaais in Maastricht ein Begriff. Sohn Mathieu führte nicht nur die Tradition fort, sondern erweiterte das Angebot um die beliebten »Taartjes« und machte die Bäckerei mit dem berühmten Hermans'schen Reisfladen, dem Rijstevlaai, über die Grenzen von Stadt und Land hinaus bekannt. Das Rezept für den Erfolg war damals wie heute bestes Handwerk, gepaart mit bester Qualität. Nach wie vor wird alles, was hier verkauft wird, auch vor Ort gebacken. Dass hier alle Kunden gleich und jedermann stets zuvorkommend behandelt wird, versteht sich dabei schon fast von selbst.

Als Mathieu Hermans das Geschäft 1976 von seinem Vater übernahm, gab es hier auf zweihundert Metern noch neun Bäckereien. Heute ist davon nur noch die Bäckerei Hermans übrig. 2006 übernahm die Enkelin des Gründers das Unternehmen. Carmen Hermans ist über der Bäckerei geboren. Den Betrieb weiterzuführen war dennoch kein Muss, sondern ihre eigene Entscheidung. Sie sei Unternehmerin mit Leib und Seele, sagt sie. Das Geschäft führt sie mit entsprechend viel Elan und Übersicht. Und dass die Bäckerei Hermans auch in der nächsten Generation noch im Familienbesitz sein wird, dafür hat sie auch schon gesorgt.

Adresse Zakstraat 9, 6211 PS Maastricht, Tel. 0031/433213117, www.bakkerijhermans.nl | ÖPNV Busse 1, 2, 5, 6, Haltestelle Koningin Emmaplein | Öffnungszeiten Di, Mi, Sa 8–16 Uhr, Do, Fr 8–17 Uhr, So 9–12.30 Uhr | Tipp Die Bäckerei Souren in der Vijfharingenstraat 14 backt auch ganz traditionell und ist sehr zu empfehlen.

8 Der Bahnhof

Im Falle eines Falles: Abfackeln!

1853 kam die Eisenbahn nach Maastricht beziehungsweise nach Meersen, denn das Areal, auf dem der Bahnhof liegt, gehörte bis 1907 nicht zum Stadtgebiet. Wie für alle Gebäude, die in der Nähe der Stadtumwallung standen, galt auch für den Bahnhof für den Fall eines feindlichen Angriffs: Niederbrennen! Deshalb wurde er seinerzeit in Fachwerkbauweise errichtet.

Sehr umständlich war, dass Reisende nicht auf direktem Wege, sondern nur durch zwei etwas entfernt liegende Tore in die Stadt gelangen konnten. Das änderte man 1866 durch den Bau des Stationstores. Erst viel später (1881) wurde die heutige Stationsstraat angelegt, die einen Durchbruch durch die bestehende Bebauung in Wyck darstellte und deshalb noch lange den Namen Percée (französisch für »Durchbruch«) trug.

Das Bahnhofsgebäude im neoklassizistischen Stil, wie man es heute kennt, wurde 1915 fertiggestellt. Die Halle zählte einmal zu den größten in den Niederlanden. Die aufsehenerregenden Fenster mit der Bleiverglasung stammen von Charles Eyck und wurden 1949 angebracht. 1987 wurden sie bei einem Bombenanschlag schwer beschädigt. Der Anschlag galt nicht dem Bahnhof, sondern wurde von einem flüchtenden Bankräuber begangen, der sich damit den Fluchtweg »freibomben« wollte. Der Fall brachte Maastricht in die internationalen Schlagzeilen, und in der Kriminalsendung Aktenzeichen XY … ungelöst des deutschen Fernsehens wurde öffentlich nach dem Täter gefahndet.

Im und am Bahnhof hat sich eine interessante Ansammlung von Geschäften und Dienstleistern etabliert. Man kann dort von früh bis spät einkaufen und essen. Besondere Erwähnung verdienen der HEMA Shop, der sich in der ehemaligen Wartehalle befindet (Frühstück ab 6 Uhr!), und der Dönerwagen »Musti« auf dem Bahnhofsvorplatz sowie die Radstation. Dort kann man seinen Drahtesel günstig (und rund um die Uhr bewacht) parken.

Adresse Stationsplein, 6221 BT Maastricht | **ÖPNV** alle Busse über Bahnhof, Haltestelle Maastricht, Station | **Tipp** Den Steg über die Gleise nehmen und auf der anderen Seite zunächst den neuen Treppenaufgang in Smaragdgrün bewundern und dann auf der gegenüberliegenden Straßenseite die ehemalige Villa Regout, die genau in einer Flucht mit der Stationsstraat liegt.

9 Die Bahnlinie Maastricht–Hasselt

Kleine Brücke, große Geschichte

Die markanteste Landmarke an der ehemaligen Eisenbahnlinie Maastricht–Hasselt ist die Brücke am Brusselseweg. Auf den ersten Blick scheint die Trasse hier noch intakt zu sein, aber nur wenige hundert Meter weiter nordwestlich passiert der rostige Schienenstrang die Grenze zu Belgien und verschwindet unter dornigem Gestrüpp. Folgt man ihm nach Süden, erreicht man bald die Zuid-Willemsvaart, die Noorderbrug und die Maas, wo am Ufer nur noch unbedeutende Reste auf ein Maasviadukt hinweisen, das sich hier befand.

Als man sich 1854 entschloss die Strecke Aachen–Maastricht um ein weiteres Teilstück bis nach Hasselt zu verlängern, blickte der Verkehrsweg bereits auf eine einjährige Erfolgsgeschichte als Zubringer für die Zechen des Aachen-Limburger Reviers und als Verbindung zwischen den Wirtschaftsräumen des Rheinlands und dem Süden der Niederlande zurück. Seit 2017 ist die Strecke zwischen Maastricht und Hasselt wieder als Alternative zum Neubau einer projektierten Verbindung zwischen den Metropolen im Gespräch. Allerdings rechnen sich die Befürworter dieser Lösung wenig Chancen aus. Die Brücke am Brusselseweg wird also vermutlich auch weiterhin als lediglich historisches Artefakt an die Zeit erinnern, als hier Dampflokomotiven entlangdonnerten. Ihre acht Pillare entsprechen in der Ausführung dem ehemaligen Maasviadukt, was nicht verwundert, da sowohl Brücke als auch Viadukt vom Architekten J.A. Kool entworfen wurden. Die »kleine Schwester« der Maasbrücke trotzt tapfer Wind, Wetter und Vandalismus und wurde 1975 um Betonelemente erweitert, die überraschend gut mit dem Backstein und der Mergelverkleidung der alten Brücke harmonieren.

Die Bahnlinie Maastricht–Hasselt wurde, bis auf ein kurzes Stück zwischen Beverst und Hasselt, 1954 für den Personenverkehr und 1992 für den Güterverkehr geschlossen.

Adresse Brusselseweg 691, 6218 NA Maastricht | **ÖPNV** Bus 63, Haltestelle Caberg Grens | **Tipp** Bis zur belgischen Grenze sind es von hier aus nur noch 500 Meter. Genussmittel wie Tabakwaren sind in Belgien günstiger, als in den Niederlanden. Der Abstecher lohnt also. Östlich der Brücke liegt der Belvédèreberg (Ort 12), der sich von hier aus rückwärtig erwandern lässt.

10 Die Bärengrube

In memoriam Max und Pol

Eher zufällig findet man im Stadtpark die ehemalige Bärengrube. Das bemerkenswerte Bauwerk steht in keinem herkömmlichen Reiseführer. Ein hohes Gitter umgibt einen trockengelegten Wassergraben, der wiederum ein Plateau umringt, auf dem sich ein junges Mädchen über eine tote Giraffe beugt. Zwölf Schilder am Gitter zeigen ausgestorbene Tierarten. Sucht man hier jedoch einen Bären, wird man erst in der Historie fündig.

Die Leidensgeschichte der Maastrichter Bären beginnt im Jahre 1919. Der berühmte Zirkus Hagenbeck aus Hamburg gastiert in der Stadt. Begeistert von den Braunbären, beschließt die Gemeinde, dem Zirkus zwei Exemplare abzukaufen, die die Namen Max und Pol erhalten und 1920 ihr Domizil in einem Käfig im Aldenhofpark beziehen. Dort befindet sich bereits ein weitläufiges Wildgehege, doch die Bären sind die neue Attraktion.

Die ersten beiden Bären werden nicht alt, und ihnen folgen weitere. Ohne Rücksicht auf die Gesundheit der Tiere fristen mehrere Generationen – zunächst in einem Käfig und später in der neu angelegten Bärengrube – ein trauriges Dasein. Der letzte Bär, genannt Jo, wird 1993 an den Ouwehands Tierpark in Rhenen verkauft.

Als Reaktion auf die Verfehlungen der Vergangenheit beschließt die Gemeinde 1997, die Bärengrube zu einem Ort der Erinnerung zu machen. 2001 wird die »halbautomatische Trostmaschine« des Niederländers Michel Huisman eingeweiht. Sie bestand ursprünglich aus Skulpturen der zwölf ausgestorbenen Tierarten sowie aus dem erwähnten Mädchen mit der Giraffe. Die Hand des Mädchens ließ sich über einen Mechanismus bewegen. Heute funktioniert die Trostmaschine nicht mehr wie vorgesehen, und die meisten der zwölf Tierskulpturen, inklusive einer lebensgroßen Ausführung des Bären Jo, den Huisman auf einer Parkbank in der Nähe der Grube platzierte, wurden gestohlen. Ein weiteres trauriges Kapitel in der Geschichte der Bärengrube.

Adresse Aldenhofpark, 6211 Maastricht | **ÖPNV** Bus 4, Haltestelle Waldeckpark | **Tipp** Und es gibt doch noch einen Bären im Aldenhofpark! Die Adresse Aldenhofpark 1 kann

11 Das Befreiungsmonument

V für Victory

In Maastricht gibt es eine Vielzahl kleinerer und größerer Skulpturen und Gedenktafeln, die sich auf das Ende des Zweiten Weltkrieges beziehen. Gedacht wird der Kriegsopfer, vor allem aber auch der Befreiung der Stadt durch amerikanische Truppen im September 1944. Das monumentalste aller Monumente steht auf einem 26 mal 16 Meter großen Sockel am Koningsplein. Es stellt eine Gruppe von acht Personen dar. Die zentrale Figur ist ein amerikanischer Soldat, der die Hand zum Victoryzeichen hebt.

Bereits kurz nach dem Krieg wurde eigens das »Komitee für die Errichtung eines limburgischen Kriegsmonuments« eingerichtet, welches 1947 beschloss, dass das Denkmal seinen Platz in Maastricht haben soll. Der Bildhauer Charles Eyck, Mitbegründer der Limburger Schule und einer der einflussreichsten Künstler der Region, erhielt 1951 den Auftrag für die Durchführung. Für die Arbeit wurde ihm die Sint-Andries-Kapelle zur Verfügung gestellt (Achter de Barakken 31, heute noch zugänglich, aber hinter einer Mauer versteckt und nicht leicht zu erreichen). Schließlich konnte das überlebensgroße Werk 1952 in Bronze gegossen und am 13. September, exakt acht Jahre nach der Befreiung des Stadtteils Wyck, enthüllt werden.

Seit geraumer Zeit befindet sich in unmittelbarer Nachbarschaft des Monuments die Großbaustelle der neuen, unterirdischen Stadtautobahn A2. Es schien angemessen, die jährlich am 4. und 5. Mai (Volkstrauertag und Befreiungstag) und am 14. September (Befreiung Maastrichts) stattfindenden Gedenkfeiern bis zur Fertigstellung des Tunnels im Jahre 2016 an eine andere Stelle zu verlegen. Ab 2016 werden die Gedenktage aber wieder an gewohnter Stelle begangen, denn dann liegt das Monument direkt am »grünen Läufer«, wie der geplante Grünstreifen genannt wird, unter dem der Verkehr sich in zwei übereinanderliegenden Tunneln unter der Stadt hindurchbewegt.

Adresse Koningsplein, 6224 Maastricht | **ÖPNV** Busse 3, 4, 6, 10, 51, 53, Haltestelle Koningsplein | **Tipp** Zum 50. Jahrestag der Befreiung wurde eine Betonskulptur von Appie Drielsma enthüllt, der am 6. Juli 2014 verstarb. Sie erinnert an einen Brückenkopf und befindet sich direkt an der Maas zwischen John-F.-Kennedy-Brücke und Provinzhaus.

12 Der Belvédèreberg

Die Neandertaler unter der Deponie

Seit Ende des 19. Jahrhunderts wurde an der Stelle, an der sich heute ein Hügel erhebt, nach Lehm für die Fabrikation von Backsteinen und Kies für den Straßenbau gegraben.

Bei archäologischen Grabungen in der Grube zwischen 1981 und 1991 fand man Spuren von Homo neanderthalensis und Homo sapiens aus der Zeit von vor 240.000 bis 200.000 Jahren, die wichtige Erkenntnisse über das Leben unserer Vorfahren in der mittleren Altsteinzeit lieferten. In der warmen Periode zwischen zwei Eiszeiten lebten hier Nomaden entlang eines Flusses, vermutlich des Jekers. Man nimmt an, dass er damals hier in die Maas mündete. Dass sie von der Jagd lebten, beweisen entsprechende Funde von Tierknochen. Nach Abschluss der Grabungen wurde die Grube zur Mülldeponie. Unter dem Felsen, der hier als Landmarke von der »Grensschap Albertkanaal«, einer Bürgerinitiative für den Landschaftsschutz, platziert wurde, liegt der Abfall von zwei Jahrzehnten.

Die ursprüngliche Planung für das Stadtentwicklungsprojekt Belvédère bezog den Berg mit ein. Auf einem Modell von 2002, das im Infozentrum Belvédère (Boschstraat 24) zu begutachten ist, stehen 4.000 Häuschen auf dem Berg. Als in der Krise der Rotstift angesetzt wurde, schrumpfte die Zahl auf 1.200 Einheiten. Wie viele es letztlich werden und wann und ob überhaupt hier gebaut wird, steht noch nicht fest. Die aktuellen Aktivitäten beschränken sich in der Hauptsache auf ein sehr viel kleineres Areal, frisch ausgedacht und »das Spinx Quartier« genannt. In den kommenden Jahren soll das Eiffelgebäude (siehe Seite 66) und alles darum herum wiederbelebt werden. Einige Hallen vor dem »Eiffel« wurden bereits weggebaggert, um Platz für das neue Pathé Kino zu schaffen. 2015 soll mit der Umgestaltung der Zufahrt zur Nordbrücke begonnen werden, sodass dort ab 2018 eine Verbindung zwischen Hoge und Lage Fronten besteht.

Adresse Belvédèreberg, 6219 NR Maastricht, zwischen Brusselseweg und Industrieweg, Informationen zum Belvédère-Projekt: www.belvedere-maastricht.nl | **Pkw** am besten fährt man vom Industrieweg aus an, den man über den Fort Willemweg erreicht. | **Tipp** Am Ende des Industriewegs gibt es eine Unterführung unter der Bahnstrecke, wo spontane Housepartys stattfinden, die man manchmal aber auch sehr »spontan« wieder verlassen muss, wenn die Polizei anrückt.

13 Das Bizzare

Wie bizarr ist das Bizzare?

André und Jaques, die Besitzer des Bizzare, geben zu, dass sie zu Beginn noch ziemlich grün hinter den Ohren waren, was das Geschäftliche angeht. Das war 1996. Angefixt von der Szene in Brüssel, eröffneten sie ihren eigenen Klamottenladen und kauften prompt viel zu viel und die falschen Größen ein. Das kostete Lehrgeld. Um das Jahr 2000 lief es dann aber schon richtig gut. Die Clubszene boomte, auch in Maastricht. André denkt ein bisschen wehmütig an die »fetten Jahre« zurück. Damals arbeitete er nebenbei auch als DJ, und die Kunden, die tagsüber im Laden viel Geld für ihr Outfit ausgaben, sah er abends damit auf der Tanzfläche herumturnen.

Nach einer Flaute kamen irgendwann Gothic, Fetisch und Cyberpunk. Und seit Cosplay und Lolita-Look aus Japan herübergeschwappt sind, findet der Trend auch in Europa immer mehr Anhänger. Steampunk geht zurzeit auch gut. Überall im Laden finden sich entsprechende Accessoires. Im Keller gibt es, unter anderem, alles, was unter Neonlicht besonders gut zur Geltung kommt. Die Sachen kommen aus England, Japan, Deutschland, den USA und, man höre und staune, aus Litauen.

Aber mit alldem muss man sich gar nicht auskennen. Dafür gibt es ja die Jungs. Wer das Besondere sucht, aber noch nicht hundertprozentig im Bilde ist, der kann sich getrost auf die Erfahrung von André und Jaques verlassen und ist damit in jedem Fall gut beraten. Inzwischen kennen die beiden das Angebot und ihre Klientel aus dem Effeff und finden für jeden Kunden, ob 16 oder 60, das richtige Outfit. Was man bizarrerweise hier nicht bekommt, ist alles, was gewöhnlich bei Beate Uhse über den Ladentisch geht. Ein paar Pony-Boots und das ein oder andere etwas »enger« geschnürte Vinyl-Teil sind das Höchste der erotischen Gefühle. Und wer kauft hier ein? Die meisten Kunden, sagt André, seien ganz »normal«. So normal wie das Bizzare eben.

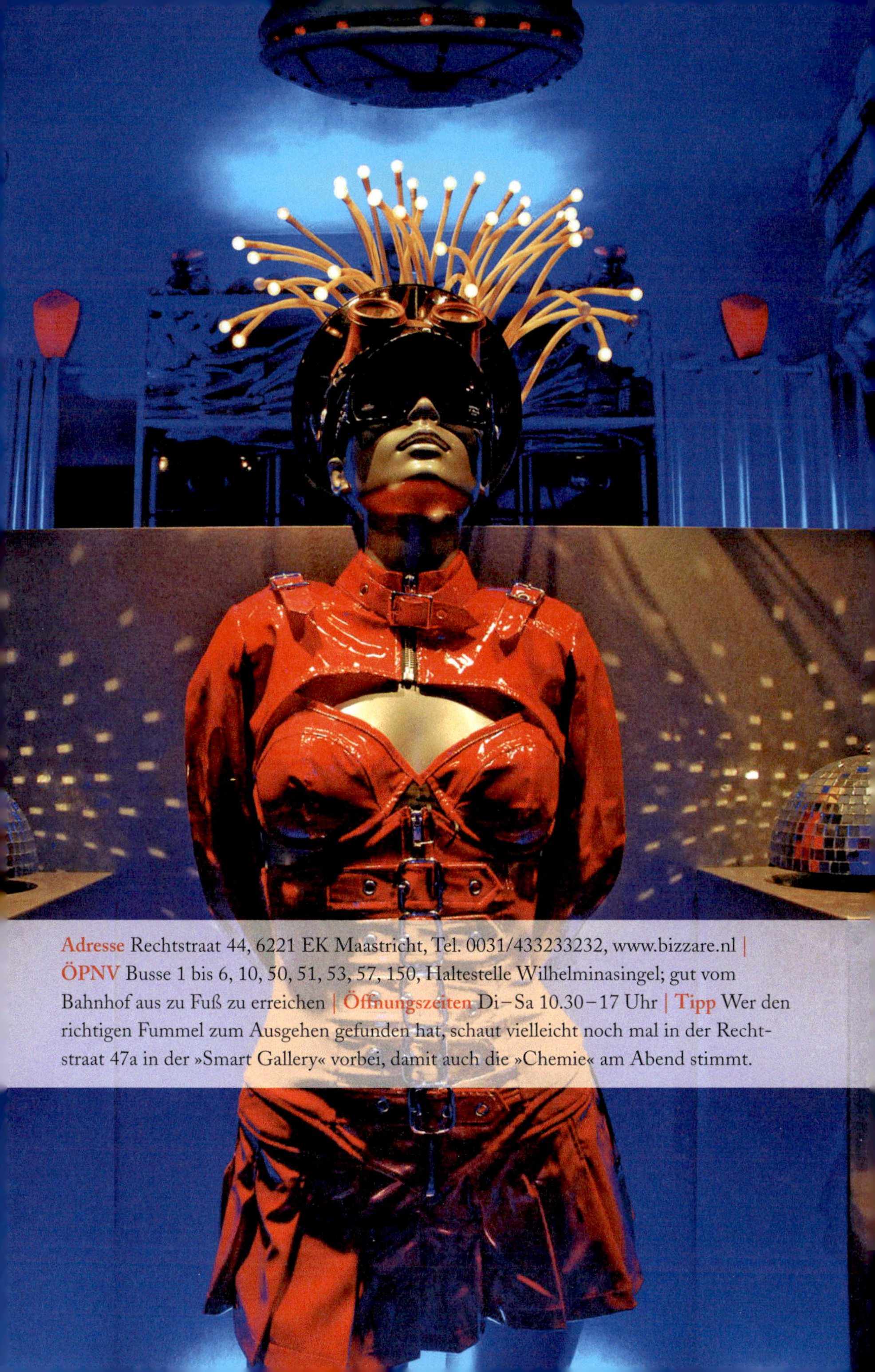

Adresse Rechtstraat 44, 6221 EK Maastricht, Tel. 0031/433233232, www.bizzare.nl | **ÖPNV** Busse 1 bis 6, 10, 50, 51, 53, 57, 150, Haltestelle Wilhelminasingel; gut vom Bahnhof aus zu Fuß zu erreichen | **Öffnungszeiten** Di–Sa 10.30–17 Uhr | **Tipp** Wer den richtigen Fummel zum Ausgehen gefunden hat, schaut vielleicht noch mal in der Rechtstraat 47a in der »Smart Gallery« vorbei, damit auch die »Chemie« am Abend stimmt.

14 Das Bluescafé Duke

»De Bok zun Kloete«

Alles fing mit Punk an, in der fünften Jahreszeit verwandelt sich das Duke in eine Karnevalskneipe, mittwochs ist Jazz-Session, und samstags rules the Blues. Das Lokal hat viele Gesichter und ist sich dennoch immer treu geblieben. Biergeschwängerte Luft und Rhythm & Blues schlagen dem Gast entgegen, wenn er die schmale Kneipe im Jekerviertel betritt, in der man sich sofort zu Hause fühlt, sofern man nicht zu der Generation gehört, die so etwas wie Afterwork-Partys erfunden hat. Gabriel, den hier alle liebevoll »Gabi« nennen, ist seit 1979 sein eigener Chef. Seit den 1980er Jahren hat sich im Duke nicht viel verändert, außer der Musik. Manche Gäste sind mit Gabi älter, aber nicht ruhiger geworden, es geht noch immer hoch her, wenn sich ein Anlass findet.

Vor allem an Karneval steht hier alles auf den Stühlen (weil es so wenige Tische gibt). Das Duke hat eine »zaate Hermenie«, also eine Musikkapelle, die an Karneval durch Maastricht zieht und es gehörig krachen lässt. »De Bok zun Kloete« heißt die Truppe, was wörtlich übersetzt »Die Eier des Bocks« heißt, aber so viel bedeutet wie etwas umsonst, im Sinne von vergebens, tun. »Für uns gibt es an Karneval keine Regeln«, sagt Gabi. Man dachte es sich. Nebenbei hatte er auch für ein paar Jahre eine kleine Konzertagentur. Und Musik gemacht hat er sowieso immer. Dass er dabei noch die Zeit hatte, alle (!) Bergpässe in Europa mit dem Rennrad zu überqueren und zehnmal am »Amstel Gold Race« in der Amateurklasse teilzunehmen, ist ziemlich erstaunlich.

Von der Decke baumeln die Boxhandschuhe vom »Deutschen Peter«. Ein Stammgast. Über der Theke hängt ein Bock und streckt einem seine Klöten entgegen. Die Postertapete von New York, auf der noch die Twin Towers zu sehen sind, ist ein Geschenk von einem Reisebüro, aber der Sticker »Be nice or leave« ist ein Original aus Chicago. Soll noch einer sagen, es gäbe in Punkschuppen keine Etikette.

Adresse Koestraat 15, 6211 HR Maastricht, Tel. 0031/433213856 | ÖPNV Busse 4, 150, Haltestelle St. Pieterstraat | Öffnungszeiten Mo–Do 14–2 Uhr, Fr–Sa 14–3 Uhr, So 14–2 Uhr | Tipp Da man nicht auf leeren Magen trinken soll, empfiehlt es sich, vor dem Duke das Restaurant »De Branding« (indisch/indonesisch) in der Koestraat 5 aufzusuchen.

15 Das Botel Maastricht

Bullauge mit Aussicht

Kapitän Kessel war ein rauer Finger, wenn ihm etwas nicht passte, wurde er grantig. Und ihm passte oft etwas nicht. Allerdings war er nicht unbeliebt, weil er immer etwas zu trinken an Bord hatte, und wenn in den 1970er Jahren in Maastricht nachts die Bürgersteige hochgeklappt wurden, dann wusste man immer, wo man hingehen konnte. Oft wurde kurzerhand eine Partygesellschaft zusammengetrommelt, und Kapitän Kessel manövrierte seinen Kahn auf die Mitte der Maas, um die Sperrstunde zu umgehen.

Als der Kapitän noch am Ruder war, fuhr das Schiff, das danach zum schwimmenden Hotel wurde, noch mit Ausflüglern an Bord bis zur Mosel. Er verkaufte die M.S. Rijn – Maas Vallei, wie sie zuletzt hieß, Anfang der 1980er und lebte noch zwei Jahre als Gast dort. Im Großen und Ganzen wurde auf den drei Decks mit 34 Kajüten und insgesamt 70 Kojen bis heute nicht viel verändert, und das ist sehr gut so. Der Reisende, der hier absteigt, taucht in die beengte, aber höchst charmante Welt der Binnenverkehrsschifffahrt ein. Authentischer geht es gar nicht mehr. Das Botel liegt zwar fest am Ufer vertäut, aber das leichte Rollen der Wellen ist immer noch zu spüren. Außerdem ist auf See die Atmosphäre immer gleich etwas herzlicher als an Land.

Eigner Marc van Well hat das Botel von seinen Schwiegereltern übernommen. Er kennt sich bestens im Maastrichter Gastronomiegewerbe aus. Zehn Jahre lang betrieb er das Restaurant »De Dikke Dragonder«, kurz »De Dikke« genannt. Das Botel und seine Schwiegereltern in spe kannte er schon lange, bevor er seine Frau ehelichte und auf diesem merkwürdigen Umweg auf einem Schiff sesshaft wurde. Man konnte hier schon immer günstig buchen, sagt er, und das sei das Erfolgsgeheimnis. Preiswerter kann man nämlich in Maastricht kaum übernachten. Und wer auf der Suche nach einem Abenteuer ist, wird sowieso hier anheuern. Kapitänskajüte buchen!

Adresse Maasboulevard 95, 6211 JW Maastricht, Tel. 0031/433219023 | **ÖPNV** Busse 4, 150, Haltestelle St. Pieterskade | **Öffnungszeiten** durchgehend geöffnet | **Tipp** Ein Stück die Maas hinauf befindet sich auf der gleichen Seite des Flusses das StayOkay Maastricht, eine günstige Herberge, die vor allem Backpackern zu empfehlen ist. Die Terrasse mit feinem Blick auf die Maas ist auch für Nicht-Gäste zugänglich und ein Geheimtipp.

16 Die Brauerei De Keyzer

Bosch, Malz und M.A.L.I.F.A. im Rijksmonument

1970 verließ die letzte Flasche Bier die Brauerei de Keyzer. Seit 1758 war an diesem Ort gebraut worden. Der Letzte der Familie Bosch, die 1827 durch Erbschaft in den Besitz der Brauerei kam, lebte noch bis 2008 in dem Haus auf dem Firmengelände, in dem sich neben den Privaträumen auch die ehemaligen Büroräume und eine Werkstatt befanden. Heute findet man das Wohnhaus, das auch von der Rechtstraat aus zu sehen ist, im Zustand von etwa 1920 vor. Es ist das einzige Gebäude in der Straße, das einen Balkon hat. Zu Beginn jeder Führung durch die ehemalige Dampfbrauerei erfährt man das Wichtigste: Bier ist eine Alternative zu Leitungswasser. Im 18. Jahrhundert tranken es Erwachsene wie Kinder täglich. Man muss allerdings dazusagen, dass die Qualität des Leitungswassers damals miserabel war. Nur deshalb war es (abgesehen von den Nebenwirkungen) gesünder, das durch Erhitzen von Keimen befreite Bier zu trinken.

Beim Rundgang erfährt man nicht nur viel über die Herstellung von Bier, sondern auch über die Arbeitsbedingungen vergangener Tage. Rosig waren sie nicht, und der Wochenverdienst eines Arbeiters in der Brauerei belief sich auf gerade mal 2,50 Gulden. Den Rest bekam man in Biermarken ausbezahlt, die in den Gaststätten der Herren Bosch eingelöst werden konnten. Eine davon befand sich direkt gegenüber der Brauerei. Um 1920 war die Produktion auf ihrem Höhepunkt. Das meiste wurde in Fässer abgefüllt, die vor Ort hergestellt wurden, der Rest ging in Flaschen in den Handel. Die Abfüllanlagen funktionieren heute noch. Aus dem Restsud, der bei der Bierherstellung anfiel, wurde Genever gebrannt. Schon damals ließ man nichts verkommen. Die Brauerei hatte sogar eine Limonade im Angebot, die M.A.L.I.F.A. (Maastrichtsche Limonade- en Mineraalwaterfabriek). Die Etiketten kann man noch in einer Vitrine begutachten, während man zur abschließenden Bierverkostung schreitet.

Adresse Wycker Grachtstraat 26, 6221 CX Maastricht | ÖPNV Busse 1 bis 6, 10, 50, 51, 53, 57, 150, Haltestelle Wilhelminasingel; gut vom Bahnhof aus zu Fuß zu erreichen | Öffnungszeiten Führungen (niederländisch) Sa 14 Uhr, Reservierung über den VVV Maastricht, Tel. 0031/433252121, Gruppenführungen (auch in Deutsch) sind über die Webseite www.brouwerijbosch.nl anzumelden | Tipp Seit Juli 2014 wird das Bier »L'Empereur de Maestricht« nach Originalrezept in Belgien gebraut und exklusiv in der Brauerei De Keyzer ausgeschenkt und verkauft. Probieren!

17 Das Burger Meister

Kobe-Rind trifft Dr. Pepper

Sean wurde in England geboren, lebte eine Weile auf dem Kontinent, ging nach England zurück, hasste es und zog nach Irland, wo er sich viel wohler fühlte, weshalb er von sich sagt, dass er eigentlich ein halber Ire sei. Das alles erzählt er genauso schnell, wie man es liest.

Seit 2006 lebt er in Maastricht. Das Kochen lernte er schon vorher, aber auf die Idee, sich damit eine Existenz aufzubauen, kam er erst, als er mit Freunden ein Restaurant in Amsterdam besuchte. Dort konnte man sich seinen Burger selbst zusammenstellen. Er übernahm das Konzept und verbesserte es, indem er konsequent auf Qualität und Frische setzte. Es kommen nur Fleisch aus kontrollierter Haltung (zum Beispiel vom Kobe- oder Black-Angus-Rind) und Zutaten aus regionaler Produktion zwischen die Brothälften. Saucen, Dressings und Beilagen werden täglich frisch zubereitet.

Die Nachbarschaft ist dafür bekannt, dass hier schon mal die Fäuste kreisen, aber Sean gehört nicht zu den zimperlichen Typen und weiß, wie man sich Respekt verschafft. Er ist ein ausgesprochener Pragmatiker. Die Miete hier ist günstig, und er hat sich angeschaut, wie das in der Innenstadt mit der Gastronomie läuft, wo die Kellner unter der Woche vielerorts Däumchen drehen, weil die Gäste ausbleiben. Ein Lieferservice wäre viel besser, dachte er sich, und die Rechnung geht auf: 90 Prozent des Geschäfts macht er über die Auslieferung. Über mangelnden Zuspruch kann er nicht klagen.

Die Atmosphäre am Burgemeestersplein ist schon speziell und nicht unbedingt jedermanns Sache. Hip-Hop dröhnt dumpf über den Platz. Das Leben spielt sich auf der Straße ab. Sean hält mit »We won't get fooled again« von »The Who« dagegen. Der Duft von gegrillten Chicken Wings in Cola und Spare Ribs in Dr. Pepper hängt in der Luft. »Wir sind 100 Prozent unabhängig«, sagt er, wendet schwungvoll einen Burger und dreht die Musik noch ein bisschen lauter auf.

Adresse Burgemeestersplein 12, 6224 VT Maastricht, Tel. 0031/438521721, www.burgermeister.co.nl | **ÖPNV** keine Haltestelle in der Nähe, die nächstgelegene ist Frankenstraat (Bus 3) | **Öffnungszeiten** Mo, Mi, Do 16–22 Uhr, Fr 12–22 Uhr, Sa–So 14–22 Uhr | **Tipp** Ebenfalls richtig gute Burger gibt es bei Cafetaria De Jeker (St. Pieterstraat 50). Die Darreichung ist netter, und die Pommes frites sind besser als im Burger Meister.

18 Das Buurt Café Illegal

Alleine trinken ist langweilig

Wir befinden uns im Jahre 2014 n. Chr. Ganz Maastricht ist von Cafés und Restaurants besetzt, die Speisen und Getränke maßlos überteuert anbieten … Ganz Maastricht? Nein! Eine kleine, private Kneipe wird an jedem Wochenende von Freunden und Nachbarn bevölkert, die den Beutelschneidern Widerstand leisten. Das kratzt die Maastrichter Gastronomen zwar kaum, aber den Gästen des Buurt Café Illegal macht es riesig Spaß.

Vor ein paar Jahren folgte ein Deutscher von edlem Rittergeschlecht seinem Herzen, das ihn geradewegs nach Maastricht führte. Frustriert vom Mangel an erschwinglicher Abendunterhaltung im Viertel beschloss er, die Dinge selbst in die Hand zu nehmen. In einer Hütte, man kann es nicht anders bezeichnen, installierte er eine Bar, einen Fernseher und ein lustiges Konglomerat aus Dekorationsgegenständen. Die Mischung aus Schrebergartenlaube und Kellerbar kommt in der Nachbarschaft (nl. buurt) gut an. Jedenfalls gab es, bis auf ein paar Beschwerden wegen des Lärms, noch keine Probleme. Langsam setzt sich die Idee durch. Viel Überzeugungsarbeit muss auch gar nicht geleistet werden. Schließlich sitzen alle im gleichen Boot, und alleine trinken ist langweilig. Im »Illegal« kann man gegen einen kleinen Obolus Getränke bis zur Oberkante Unterlippe ordern, und entsprechend gut ist die Stimmung zu fortgeschrittener Stunde. Die kulturellen Unterschiede werden im deutsch-niederländischen Verhältnis ja gerne großgeschrieben, bei der Geselligkeit sind sich aber alle einig.

Dergleichen »Selbstversorgung« könnte in Zukunft durchaus ein Trend werden. Tatsächlich ist es nämlich nicht aus der Luft gegriffen, dass die Möglichkeiten begrenzt sind, wenn man sich in Maastricht mal auf ein Bier oder zwei treffen will, ohne gleich ein Vermögen zu investieren. Die klassische Eckkneipe findet man selten. Und das Trinken von Alkohol auf öffentlichen Plätzen steht unter Strafe.

Adresse Um dem Betreiber unliebsamen Besuch von behördlicher Seite zu ersparen, wird an dieser Stelle auf die Nennung der Adresse verzichtet. Die Suche nach einem Informanten ist in diesem speziellen Fall Teil des Spaßes und führt entweder ans Ziel oder ergibt etwas anderes und Unerwartetes. | **Tipp** In den Kneipen im Jekerquartier trinkt man noch zu verhältnismäßig moderaten Preisen.

19 Die Cellebroederskapel

Die Männer mit den Schnabelmasken

Schon die Cellebroedersstraat ist etwas Besonderes. Die schmale Gasse liegt versteckt zwischen der Brusselsestraat und der Herbenusstraat und hat etwas Geheimnisvolles. Etwa in der Mitte befindet sich die Cellebroederskapel. Früher gehörte ein Kloster dazu, das von den Zellenbrüdern gegründet wurde. Die Brüder haben eine interessante Geschichte: Ihr Orden geht auf die Begarden zurück, eine Gemeinschaft von Laien, die keinem anerkannten Orden angehörten. Dennoch lebten sie in ordensähnlichen Gemeinschaften, entsagten persönlichem Besitz und kümmerten sich um Kranke und Arme. Aufgrund ihres »inoffiziellen« Status durften die Zellenbrüder die Kapelle in Maastricht nur unter der Auflage errichten, dass sie zwei Schutzheiligen geweiht wurde. Die Wahl fiel auf St. Augustinus und St. Alexius.

Zwischen 1512, dem »Geburtsjahr« der Cellebroederskapel, und der Mitte des 17. Jahrhunderts gingen hier die »Pestdoktoren« ein und aus. In jener Zeit gehörten sie mit ihren seltsamen Gewändern und Vogelmasken gewissermaßen zum Stadtbild. In der napoleonischen Zeit ereilte die Kapelle das gleiche Schicksal wie viele andere Kapellen und Kirchen der Stadt. Sie wurde ihrer Bestimmung enthoben und diente hernach, während sie immer mehr verfiel, nur noch als Bierlager und als Garage. Zu Beginn des 20. Jahrhunderts gab es eine Zwischendecke, im Obergeschoss hatte ein Künstler sein Atelier eingerichtet. Die Klostergebäude wurden 1954 abgerissen. Die Rettung für die Kapelle kam erst 1963, als man damit begann, sie zu restaurieren.

Heute wird sie von einer Stiftung erhalten und zu verschiedenen Zwecken vermietet. Der Raum mitsamt der kleinen Orgel aus dem 18. Jahrhundert, die schließlich 1969 hier ihren Platz fand, hat eine außergewöhnliche Aura. Öffentliche Veranstaltungen und Gottesdienste finden ebenso statt wie Hochzeiten und andere private Feierlichkeiten.

Adresse Cellebroedersstraat 4 (Eingang Brusselsestraat 58), 6211 PG Maastricht, Tel. 0031/433620130, www.cellebroederskapel.nl | ÖPNV Busse 1, 2, 5, 6, Haltestelle Koningin Emmaplein, die Brusselsestraat bis Nummer 58 zurücklaufen und dort in die Cellebroedersstraat einbiegen | Öffnungszeiten Öffentlich zugänglich bei Veranstaltungen und am Tag des offenen Denkmals (zweites Wochenende im September). Wer die Kapelle mieten möchte, kann einen Termin mit Herrn Eijssen unter Tel. 0031/0622360604 verabreden. | Tipp Direkt gegenüber ist das Squash-Centrum Maastricht mit sehr schönen Hallen, der Eingang ist in der Brusselsestraat 74a. Man sieht noch, dass hier früher einmal ein Kino war.

20 Die Chocolaterie Abbing-Nollé

Weniger Schokolade ist mehr Praline

Gäbe es eine Wahl des schönsten Arbeitsplatzes in Maastricht, läge der kleine Laden von Jos Abbing ganz weit vorne. Heimelig ist die Atmosphäre, und die Zeit scheint seit 1970 stillzustehen, dem Jahr, in dem sein Vater das Geschäft gründete. Tatsächlich wurde seitdem kaum etwas verändert. Das betrifft nicht nur die Einrichtung, sondern auch die Produkte, die hier nach wie vor in Handarbeit hergestellt werden. Zwar wuchs deren Zahl von um die 20, die es in der Anfangszeit waren, auf mittlerweile etwa 30 an, aber neumodischen Firlefanz wie Blattgold auf oder Pfeffer in der Schokolade gibt es bei Abbing-Nollé nach wie vor nicht.

Das Geheimnis einer guten Praline liegt im Verhältnis von Schokolade und Füllung. Die Schokolade muss hauchdünn sein, um den Geschmack der Füllung nicht zu überdecken, sagt Jos. Seit 2002 führt er den Betrieb seiner Eltern weiter. Das Handwerk hat er beim Vater gelernt. Danach hatte er einen Laden in Geleen. Dort verkaufte er die gleichen Produkte, aber das Ambiente war moderner und mehr an den Zeitgeschmack angepasst. Als das Angebot kam, in den elterlichen Produktionsbetrieb zurückzukehren, hat er nicht lange überlegt. All das hier, die offene Küche, die Kundennähe, passen viel besser zum Selbstverständnis des Chocolatiers, der den Schritt bis heute nicht bereut hat.

Die Kunden aus dem Quartier schätzen, dass das Handwerk hier in traditioneller Form fortgeführt wird und man bei Abbing-Nollé nicht nur die Ware über die Theke gereicht bekommt, sondern auch ein Schwätzchen halten und nachbarschaftliche Beziehungen pflegen kann. Zugeständnisse macht Jos ungern, aber für die Kunden aus Deutschland hat er Nougat-Pralinen ins Sortiment aufgenommen. Seitdem ist auch der Friseur von nebenan auf den Geschmack gekommen.

Adresse Grote Gracht 57, 6211 ST Maastricht, Tel. 0031/433211265 | ÖPNV Busse 3, 4, 10, 34, 150, Haltestelle Helmstraat | Öffnungszeiten Mo 13–17 Uhr, Di–Fr 9–13 Uhr, Sa 9–17 Uhr (in allen Monaten ohne »r« ist an den Montagen geschlossen) | Tipp Es gibt in Maastricht nicht nur viele Chocolaterien und Pâtisserien, sondern sogar eine Schokoladenfabrik, und die ist mit 18 Quadratmetern die wahrscheinlich kleinste der Welt. Sie heißt »K&K chocolade-atelier«. Die Schokolade gibt es an etwa zehn Stellen in der Stadt zu kaufen (www.kk-chocoladeatelier.nl).

21 Das Cinema Palace

Kleine Kinogeschichte

Die Geschichte der Kinematografie in Maastricht reicht in das Jahr 1910 zurück. Noch heute kann man das Gebäude sehen, in dem alles mit dem »Gala Bioscoop« begann. Es steht in der Kleine Gracht 24, und man sieht ihm an, dass es einmal ein richtig großes Kino war. 800 Besuchern bot es in den 1930er Jahren Platz. Damals firmierte es unter dem Namen Mabi (Maastrichtse Bioscoop). 1994 wurde der Spielbetrieb eingestellt, und 1997 wurde aus dem ehemaligen Kino das Hotel Mabi. Die Fassade blieb erhalten, und beim Interieur ließ man sich von der Geschichte des Gebäudes inspirieren: Die Zimmer sind entsprechend dekoriert, in der Lobby steht ein Filmprojektor, und die Gäste des Hotels können in einem kleinen Projektionsraum alte Filme anschauen.

Wenn man verschiedentliche Umbenennungen berücksichtigt, gab es im Laufe der Jahrzehnte 19 Kinos in Maastricht. Aktuell sind es noch zwei: Das Lumière in der Bogaardenstraat, das 2015 an die Boschstraat zieht (siehe Seite 120), und das Euroscoop (ehemals Pathé) am Wilhelminasingel. Auch das Pathé wird im Sphinx Quartier auferstehen. Vor dem »Eiffel« wurden dort alte Hallen abgebrochen, um Platz für einen Kino-Neubau zu schaffen.

Die erste Vorstellung im Cinema Palace in Wyck fand am 10. September 1927 statt. Gezeigt wurde ein Stummfilm, in der Hauptrolle Ramón Novarro, der zwei Jahre zuvor Welterfolge als »Ben Hur« feierte. Vor dem Krieg zeigte das Palace hauptsächlich amerikanische und deutsche Filme.

Der erste Tonfilm lief im Juni 1930. Bei der Eröffnung verfügte das Kino über sagenhafte 900 Sitzplätze, aber in den 1960er Jahren wurde der Saal »zerstückelt«. Die letzte Vorstellung lief am 10. Februar 2005. Der Schmuckgiebel über dem ehemaligen Eingang (Ecke Lage Barakken) – ebenso wie der in der Wycker Brugstraat noch vorhandene Schriftzug im Art-déco-Stil gehalten – wurde im Mai 2012 übermalt.

Adresse Wycker Brugstraat 1, 6221 EA Maastricht | ÖPNV Busse 1 bis 6, 10, 50, 51, 53, 57, 150, Haltestelle Wilhelminasingel; gut vom Bahnhof aus zu Fuß zu erreichen | Tipp Architektonisch bemerkenswert ist das ehemalige Kaufhaus Maussen Ecke Wycker Brugstraat/Wycker Grachtstraat. Das oft übersehene Gebäude mit der abgerundeten Fassade stammt von Jos Joosten und wurde 1932 im Stil der Neuen Sachlichkeit gebaut.

22 Das Dal van Josaphat

Wegen Personalmangel vorübergehend geschlossen

Das Dal van Josaphat, eine ursprünglich mittelalterliche Klosteranlage, ist den meisten Maastrichtern besser unter dem Namen Beyart bekannt. Geschichtlich unterscheidet man zwei Perioden. Die sogenannte alte Periode, von 1476 bis 1794, und die neue Periode, die ein Jahrhundert darauf begann und bis heute andauert.

Die ersten Bewohnerinnen des Klosters waren belgische Franziskanerinnen, die aus einem Kloster in Peer kamen. Ganze sieben Schwestern fanden sich seinerzeit in Maastricht ein. Die Klosterkirche, von der nur eine einzige Mauer als letztes Relikt aus dieser Zeit erhalten blieb, wurde zwischen 1479 und 1509 im spätgotischen Stil errichtet. Das nahe der westlichen Stadtmauer gelegene Kloster litt über drei Jahrhunderte lang vielfach unter der Belagerung der Stadt. Im Zuge der Besetzung Maastrichts durch die Franzosen im Jahre 1794 wurde es derartig stark in Mitleidenschaft gezogen, dass die 19 dort wohnenden Nonnen es verlassen mussten. Damit endete vorerst das klösterliche Leben im Beyart.

Während der Säkularisation diente das Kloster als Viehstall. 1797 gelangte es zwar kurzzeitig wieder in den Besitz der Franziskanerinnen, doch 1827 lebten nur noch vier der ehemaligen Ordensschwestern, und so scheiterte der Plan, das Kloster zu reaktivieren, wegen Personalmangel.

1894 gelangte das Anwesen in den Besitz der »Brüder der unbefleckten Empfängnis von Maria«. Die alten Gebäude wurden abgebrochen und durch einen Neubau ersetzt. Große Teile der Klosterkirche, die bis dahin erhalten geblieben waren (unter anderem der Chor, über dem sich ein Glockenturm befand, und das Westportal), wurden ebenfalls abgebrochen. Lediglich die Südmauer blieb verschont. Betritt man das heutige Kloster Beyart durch das neogotische Portal und wendet sich dann nach rechts, nimmt einem der wildromantische Anblick der von Pflanzen überwucherten Ruine schlichtweg den Atem.

Adresse Brusselsestraat 38, 6211 PG Maastricht | **ÖPNV** Busse 3, 10, 34, Haltestelle Kommel | **Öffnungszeiten** Das Kloster De Beyart ist heute ein Pflegeheim. Tagsüber darf man an der Pforte klingen und freundlich um Einlass bitten. | **Tipp** Apropos Pflegeheim: Es gibt ein wirklich besonderes Café, das fast ausschließlich von Bewohnern eines nahen Pflegeheims besucht wird. Es ist in der Polvertorenstraat 6 und heißt »Abrahams Look«. Einzigartig!

23 Die doppelte Basilika

Plastik für die Prozession

Der Onze Lieve Vrouweplein und die Liebfrauenbasilika fehlen auf keiner Stadtrundfahrt, und das zu Recht. Zum einen macht der Platz seinem Ruf alle Ehre, der »französischste« in Maastricht zu sein, und zum anderen ist die Basilika, die auf das 11. Jahrhundert zurückgeht, in jeder Hinsicht sehenswert. All das kann man nachlesen, aber wer genauer hinsieht, wird hier noch viel Unbekanntes finden. Und hat man einmal die »doppelte« Basilika entdeckt, kann man sich einen Spaß daraus machen, nach Duplizitäten aller Art zu suchen …

Die Marienstatue, die in der Sterre-der-Zee-Kapelle, einem der Eingänge der Basilika, alle Blicke der Touristen auf sich zieht, bildet das Zentrum der Marienverehrung in Maastricht. Bei Prozessionen trägt man die Statue durch die Stadt. Allerdings nicht wirklich die, die hier zu sehen ist. Vielmehr kommt ihre Ersatzspielerin zum Einsatz. Um die zu sehen, muss man sich in der Kapelle nur nach links wenden und durch das kleine grün verglaste Fenster blicken. Ganz am Ende des Bogenganges steht das Replikat von Maria. Dieses Exemplar ist nicht aus Holz wie das Original, sondern aus schnödem Kunststoff.

Die doppelte Basilika versteckt sich im Innenhof des European Institute of Public Administration (EIPA). Das Institut, von dem man nicht so genau weiß, was es tut, liegt gegenüber der Basilika (Onze Lieve Vrouweplein 22). In der verglasten Fassade des EIPA spiegeln und brechen sich die Türme der Basilika aufs Wunderschönste.

Und der Ort hält noch eine weitere Überraschung bereit: ein bildhaftes Objekt mit dem Titel »Zusammen stark«. Es stammt von Hans Peter Adamski, bekannt geworden durch seine Beteiligung an der Künstlergruppe »Mülheimer Freiheit«. Zurück auf den Plein. Lust auf ein Suchspiel? Wer den Elefanten zuerst entdeckt, hat gewonnen. Er befindet sich am selben Gebäude wie der Pelikan, aber mehr wird nicht verraten.

Adresse Onze Lieve Vrouweplein, 6211 HD Maastricht | **ÖPNV** Busse 4, 150, Haltestelle Hondstraat | **Tipp** Wem es in der Basilika zu dunkel ist, der kann dem mit einer Investition von 50 Cent Abhilfe schaffen. Der Automat, in den man das Geld einwirft, hängt links neben dem Eingang zur Krypta.

24 Der Drankenshop Bams

Hochprozentiges aus aller Herren Länder

Bei einem königlichen Hoflieferanten einzukaufen, das hat was. Mindestens 100 Jahre muss ein Betrieb in den Niederlanden alt sein, damit er sich so nennen darf, und nicht wenige Geschäfte in Maastricht sind im Besitz dieses Privilegs.

Der Drankenshop Bams erhielt das begehrte Prädikat 2001, woraus sich rechnerisch ergibt, dass das Geschäft seit 1901 existiert. Der Laden ist seit fünf Generationen im Besitz der Familie, und es kommt vor, dass hier gleichzeitig drei Generationen im Laden stehen, um den Alkoholbedarf der Maastrichter und der Touristen aus aller Welt zu sichern.

Das Angebot von Bams umfasst etwa 3.000 verschiedene Getränke. Allein um die 700 Sorten Whiskey sind ständig vorrätig, es gibt ihn in allen Variationen und Preisklassen. Selbstverständlich führt man auch Erlesenes, beispielsweise Single Cask Whiskeys oder Vintagejahrgänge, wie einen Maccallan von 1937. Nach dem Preis fragt man besser nicht, es sei denn, man hat gerade geerbt.

Neben Whiskeys und zahlreichen Gerstensäften gibt es Genever, Tequila, Cognac, Rum, Wein, Champagner und so Exotisches wie den »Monkey 47«, einen trockenen Gin aus dem Schwarzwald! Im Prinzip ist für jeden etwas dabei, und auch wer hier kein Vermögen lässt, ist ebenso willkommen wie der liquide Connaisseur erlesener Tropfen. Geschmack zählt hier mehr als ein dicker Geldbeutel.

Bams veranstaltet jährlich am dritten Wochenende im September ein großes Whiskey-Fest, zu dem eigens ein Single Cask Whiskey produziert wird. *Die* Gelegenheit, zu probieren, zu fachsimpeln oder Geschichten auszutauschen, wie die über De Ridder, die letzte Brauerei, welche in Maastricht in Betrieb war. Als die Verantwortlichen sich weigerten, die Rezeptur für ihr berühmtes »Wieksewidde« zu verkaufen, wurde sie von einer nationalen Brauerei geschluckt. Das Ende einer »Mastreechter« Tradition, über deren Wiederbelebung man inzwischen wieder nachdenkt.

Adresse Markt 9, 6211 CH Maastricht, Tel. 0031/433214805 | ÖPNV Busse 3, 4, 9, 10, 34, 150, Haltestelle Markt | Öffnungszeiten Mo 13–18 Uhr, Di, Mi, Fr 9–18 Uhr, Do 9–21 Uhr, Sa 9–17.30 Uhr, jeden 1. So im Monat 12–17 Uhr | Tipp Das Gebäude, in dem De Ridder braute, kann man heute noch am Maasufer bewundern. Ein Teil davon beherbergt eine sehenswerte Galerie für zeitgenössische Kunst gleichen Namens: The Ridder, Oeverwal 3.

25 Die dritte Stadtmauer

Gefahr erkannt, Gefahr gebannt

Gemeinhin hört man nur von der alten, sprich der ersten, und von der zweiten Stadtmauer. Zeitlich liegen beide etwa 100 Jahre auseinander. Von der ersten Stadtmauer (ab 1229) ist nur ein kleiner Teil erhalten geblieben, alle Torgebäude wurden im 17. und 18. Jahrhundert nach und nach abgerissen. Nur dem Helpoort blieb dieses Schicksal erspart. Auch der zweiten Stadtumwallung erging es nicht viel besser. So konnte der Onze Lieve Vrouvewal, Teil der sogenannten Maasmauer und eines der beliebtesten Fotomotive der Touristen, 1905 im letzten Moment vor dem Abriss bewahrt werden.

Bei den beiden ersten Befestigungen handelte es sich um Ringmauern, die die Stadt vollständig umschlossen. Eine Schwachstelle bildete der Teil zwischen Jekertoren und Pater Vinktoren, wo die Stadt nur durch die erste Umwallung geschützt war. 1515 wurde diese Stelle durch den Bau einer weiteren, der »dritten« Stadtmauer geschlossen. Teil dieser Mauer sind zwei Rondelle, auf denen Geschütze platziert wurden. Diese Rondelle heißen Haat en Nijd (Hass und Neid) und De Vijf Koppen (Die fünf Köpfe). Wie De Vijf Koppen zu seinem Namen kam, weiß jedes Kind in Maastricht. Nichtsdestoweniger gibt es unterschiedliche Versionen dazu, und es scheint noch immer nicht eindeutig geklärt, was sich dort im Jahre 1638 genau abgespielt hat.

1632, Maastricht war zu jener Zeit gerade im Besitz der Spanier, eroberten die protestantischen Niederländer die Stadt zurück. Die katholischen Spanier, nicht willens, die Stadt verloren zu geben, drückten sich vor der Stadtmauer herum und warteten auf eine günstige Gelegenheit zum Angriff. Schließlich versuchten sie es mit Bestechung. Der geplante Verrat wurde jedoch aufgedeckt, und der katholische Pfarrer Vink sowie vier weitere Personen, die man beschuldigte, in die Angelegenheit verwickelt zu sein, wurden einen Kopf kürzer gemacht. Die fünf Köpfe steckte man auf Spieße und stellte sie, Gesicht in Richtung der Spanier, als Abschreckung auf dem Rondell auf.

Adresse Vijfkoppen, 6211 JS Maastricht | **ÖPNV** Busse 4, 150, Haltestelle St. Pieterskade | **Tipp** Gleich gegenüber dem Helpoort befindet sich das Pesthuis (eine ehemalige Papierfabrik), in dem nie Pestkranke untergebracht waren. Heute ist es ein kleines, aber feines Podium für Theater- und Musikaufführungen.

26 Die Drogisterij Jaspers

Der Duft der großen, weiten Welt

Die Familie von Servatius Jaspers kam um 1830 aus Brabant nach Maastricht. Einhundert Jahre später haben seine Großeltern Jaspers Drogerie und Parfümerie in Wyck eröffnet. Herr Jaspers, der in seinen jungen Jahren Geisteswissenschaften studierte, hatte eigentlich nicht vor, Geschäftsmann zu werden, es habe sich einfach so ergeben, sagt er. 1955 wurde, noch vom Vater, der das Geschäft nach dem Krieg übernahm, die Einrichtung zum letzten Mal verändert.

Auch die meisten Produkte im Schaufenster erwecken den Eindruck, als stammten sie aus dieser Zeit, aber Nostalgie ist Servatius Jaspers Sache nicht. Die Spezialisierung auf Qualitäts- und Traditionsprodukte alteingesessener Marken ist seine geschäftliche Überlebensstrategie. Im Segment exklusiver Parfüms und Rasierutensilien ist Jaspers weit über Maastricht hinaus konkurrenzlos, und auch wenn man Drogerieartikel sucht, die schon unsere Mütter und Großmütter benutzt haben, kommt man um den Laden in der Wycker Brugstraat nicht herum.

Dass das alles einen leicht musealen Anstrich hat, stört den Inhaber keineswegs. Wenn er Zeit hat, erklärt er den Kunden gerne und ausführlich die Herkunft und die Geschichte von Produkten wie L.T. Piver, dem ältesten Parfüm aus Frankreich, oder Seife von Bronnley aus England und von Nesti Dante aus Italien. Düfte von Roger & Gallet, Proraso Rasierseife, Omega Rasierpinsel aus Bologna und handgemachte Kämme gehören ebenso zum Sortiment wie die klassische Blümchen-Badekappe.

Alte Reklameschilder (nicht zu verkaufen) und das eigene »schöne« Einpackpapier runden den Gesamteindruck ab. Servatius Jaspers steht jeden Tag in seinem Laden inmitten einer wohlduftenden Welt wunderbarer Dinge. Der glühende Italien-Fan ist ein Schöngeist im allerbesten Sinne des Wortes. Irgendwann, wenn er den Laden zum letzten Mal abschließt, wird er verreisen, sagt er. Selbstverständlich nach Rom.

Adresse Wycker Brugstraat 63, 6221 EB Maastricht, Tel. 0031/433212884 | ÖPNV Busse 1 bis 6, 10, 50, 51, 53, 57, 150, Haltestelle Wilhelminasingel; gut vom Bahnhof aus zu Fuß zu erreichen | Öffnungszeiten Di–Fr 10–18 Uhr, Sa 12–18 Uhr | Tipp Die Drogerie Martinus, Stenenbrug 12, hat ein ähnliches Sortiment. Der Inhaber, Herr Martinus, ist über 90 und steht noch jeden Tag selbst im Laden.

27 Das Druckkunstmuseum

Eine Zeitmaschine in der Jodenstraat

In der Jodenstraat ging es in den 60er und 70er Jahren des letzten Jahrhunderts nicht sehr fein zu. René Glaser, Künstler und Initiator des Druckkunstmuseums, wird die Zeiten noch erlebt haben, als sich die Prostituierten in der schmalen Straße zwischen Dinghuis und Maas die Beine in den Bauch standen. Damals fing auch die Geschichte des Druckkunstmuseums an, das anfangs ein reines Atelier war. Doch schon in den 1980ern begann man damit, es sukzessive für ein breiteres Publikum zu öffnen. Die im Laufe der Jahre gewachsene Sammlung umfasst Technik und Druckkunst aus der Zeit zwischen etwa 1840 und 1950. Der Grundgedanke ist, den Besuchern die handwerklichen und künstlerischen Aspekte der Druckkunst jener Zeit, insbesondere in Maastricht, zu vermitteln und so das industrielle Erbe der Region zu bewahren.

Heute gibt das Museum einen umfassenden Einblick in die wichtigsten Entwicklungen des Druckgewerbes, bevor zunächst die Automatisierung und später die Digitalisierung Einzug hielten, wodurch die handwerklichen Techniken in weiten Teilen ersetzt wurden.

Auch das Bedrucken von Keramik, namentlich für die Fabriken der Familie Regout, fällt in die oben genannte Periode – womit sich der Kreis an Ort und Stelle schließt, denn rund ein Jahrhundert, bevor die Idee für das Museum entstand, war die Gegend keine schicke Einkaufsmeile, sondern die Heimat der Arbeiter der Keramik- und Glasfabriken. Im Haus Nummer 22 wohnte der katholische Priester Monsignore Rutten. Er setzte sich für die Verbesserung der Lebensbedingungen seiner Schäfchen ein und ließ hinter seinem Haus eine Schule und eine Kapelle bauen. Das bemerkenswerte kleine Gotteshaus steht, als eine der wenigen noch existenten Vincentiuskapellen in den Niederlanden, immer noch. Heute ist dort eine umfassende Werkschau von René Glaser zu sehen, den man auch in persona im Museum antreffen kann.

Adresse Jodenstraat 22, 6211 ER Maastricht, Tel. 0031/433216376, www.drukkunstmuseum.wordpress.com | **ÖPNV** Busse 3, 4, 9, 34, Haltestelle Vrijthof | **Öffnungszeiten** März–Juli und Sept.–Nov. Sa 13–17 Uhr; Gruppen ganzjährig täglich nach Vereinbarung, E-Mail: info@drukkunstmuseum.nl | **Tipp** Junggesellen und Männer, die es mit der Treue nicht so genau nehmen, sind in der Jodenstraat 2 im siebten Himmel (»In de Zevende Hemel«).

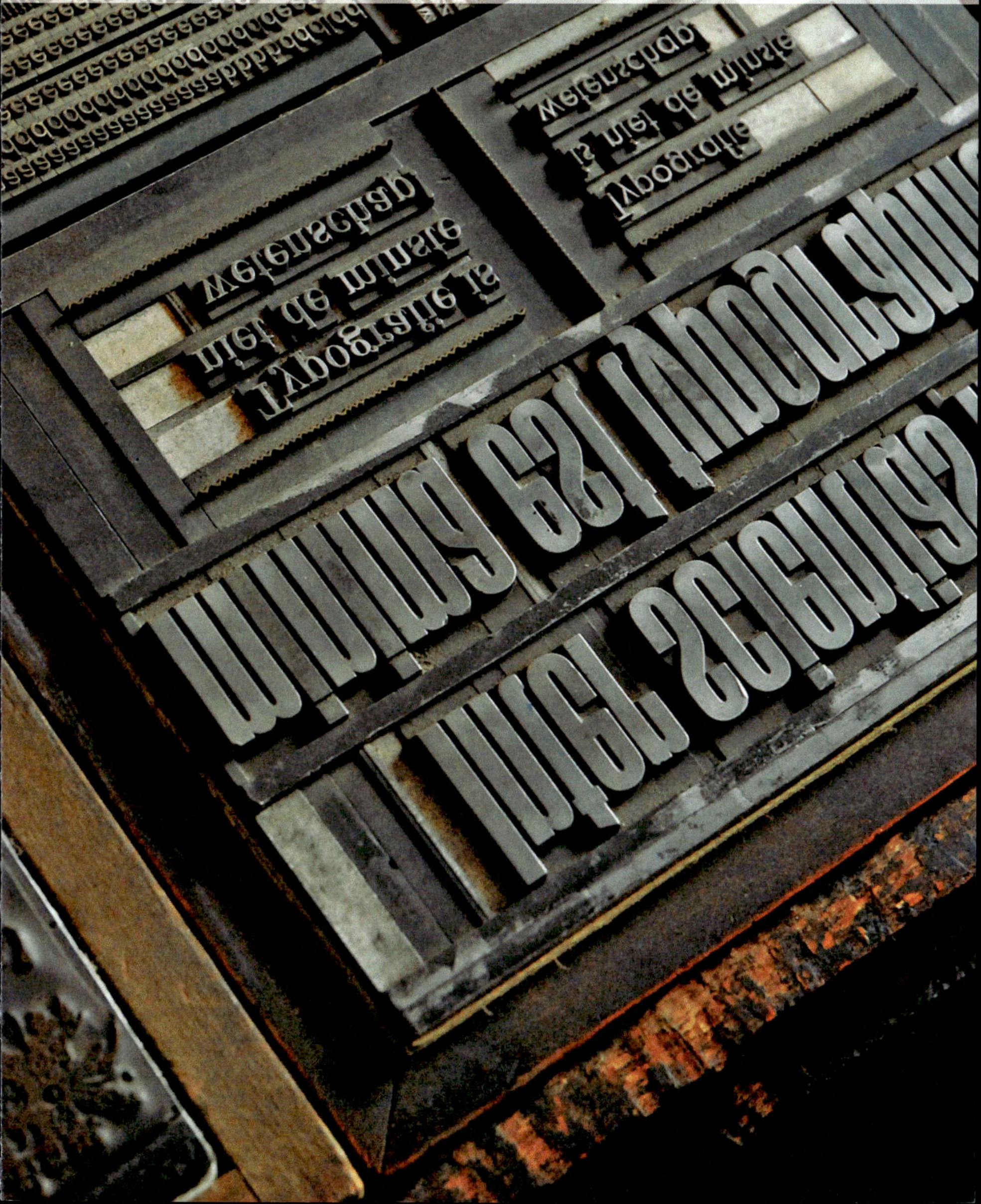

28 Der Ecotoren

Insektenhotel hoch zwei

Noch ist er alleine, aber in Zukunft dürfen es gerne mehr werden. Der Ecotoren (der Ecoturm) ist eine so gute und dabei so einfache Idee, dass man sich wünscht, ihn nicht nur in Maastricht zu finden. Im Prinzip ist er so etwas wie ein überdimensionales Insektenhotel, aber eben nicht nur für Insekten, sondern für so ziemlich alles, was hier kreucht und fleucht. Viele Tiere und Pflanzen profitieren von dem Turm, den der Künstler Chrys Steegmans erdacht hat. Er bietet Schutz für Gewächse, Insekten, Säugetiere und Vögel. Der Grundgedanke ist, auf diese Art einen Ausgleich für den Wegfall von natürlichem Lebensraum zu schaffen.

Beim Bau des Turmes, der aus Restmaterial besteht, wurden die Bedürfnisse der zukünftigen Bewohner berücksichtigt. Ganz unten zogen Igel, andere Kleinsäuger und Reptilien ein. Ab etwa eineinhalb Metern gibt es Höhlen für verschiedene Vogelarten und ganz oben einen Kasten für Fledermäuse.

Noch ist der Turm nicht fertig. Er wird einmal sieben Meter hoch sein, und dann sollen auf seiner Krone Störche nisten. Der Ecotoren steht im Naturgarten Jekerdal, der an sich schon einen Besuch wert ist. Aus der Zeit, als hier noch eine Stadtgärtnerei war, stehen noch einige Gewächshäuser. 2003 wurde nach streng ökologischen Maßstäben ein Komplex angebaut, in dem sich Büros und ein großer Seminarraum befinden.

Der Träger des Gartens ist das »Centrum voor Natuur en Milieu Educatie« (CNME), das hier Informations- und Fortbildungsveranstaltungen anbietet. Viele von denen, die sich hier engagieren, tun das rein aus Liebe zur Natur. Um die Gebäude herum gibt es einen großen Garten, der auf ganz unterschiedliche Weise genutzt wird. Gemüse und Obst werden hier zum Beispiel angebaut, aber es gibt auch Flächen mit Wildpflanzen, viele Hecken, einen kleinen Teich, einige Bienenstöcke und einen großen Lehr- und Erlebnispfad für Kinder und Jugendliche.

Adresse Drabbelstraat 7, 6212 XL Maastricht, Kontakt: Yvonne Velthuis, Tel. 0031/433215227 | **ÖPNV** Bus 34, Haltestelle Cannerweg/Jekermolen, oder Bus 4, Haltestelle Mergelweg Sportpark | **Öffnungszeiten** Di, Mi, Do 10–16 Uhr | **Tipp** Nicht weit vom Naturgarten, Jekermolenweg 84, ist eine wundervolle alte Wassermühle, die Molen van Lombok, zu sehen, die um 1500 erbaut und vor Kurzem renoviert wurde. An der Wand des Mühlhauses sieht man noch die runde Öffnung, in der früher die Welle eines zweiten Mühlrades lief.

29 Das Eiffelgebäude

»Der König der Pötte«

Mit 64.000 Quadratmetern Fläche, einer Länge von 180 Metern und einer Höhe von 33 Metern ist das Eiffelgebäude, oder kurz »Eiffel«, so etwas wie das Schwergewicht im zukünftigen Sphinx Quartier und dominiert unübersehbar das Terrain zwischen Bassin und Lage Fronten. In drei Bauabschnitten zwischen 1928 und 1941 errichtet, stellte die ehemalige Produktionsstätte für Sanitärartikel bis zum Produktionsstopp am 31. Dezember 2006 das Flaggschiff des Industrieimperiums der Familie Regout dar.

Petrus Regout (1801–1878), in Maastricht nicht unumstritten, zählte fraglos zu den erfolgreichsten und schillerndsten Unternehmern seiner Generation in den Niederlanden. 1836 legte er den Grundstein für seine Keramikproduktion. Ihm und seinen Nachfahren verdanken die Maastrichter mindestens jede zweite Kloschüssel in der Stadt (man erkennt sie am Sphinx-Signet, das alle Produkte der königlichen Sanitärfabrik Sphinx seit 1899 ziert).

Nach der Schließung der Fabrik verfiel das Gebäude – dessen Name sich übrigens nicht vom Eiffelturm ableitet – zusehends. Mittlerweile ist es öffentlich zugänglich, und der Rundgang, den der Fremdenverkehrsverein anbietet, führt nicht nur durch die Produktionshallen, sondern auch auf das Dach des Gebäudes, wo man auf Tuchfühlung mit den mächtigen Lettern des Sphinx-Logos gehen kann. Darüber hinaus erhält man einen Einblick in die Zeit, als die Boschstraat schwarz von Arbeitern war, die beim Schichtwechsel in das oder aus dem (einzigen!) Tor des »Eiffel« strömten.

Für die zukünftige Nutzung sieht die Gemeinde, die gemeinsam mit der Provinz etwa zwölf Millionen Euro in die Restaurierung des Objektes investieren will, eine Mischung aus Studentenwohnheim und Platz für Kleinunternehmer vor.

2014 sollte eigentlich der Startschuss für eine komplette Restaurierung des Industriedenkmals fallen, indes, gehört hat man ihn bisher nicht.

Adresse Boschstraat 24, 6211 AX Maastricht | ÖPNV Busse 1, 2, 5, 6, 10, 66, Haltestelle Boschstraat/Maagdendries | Öffnungszeiten Für eine Tour des VVV durch das Gebäude kann man sich im Dinghuis (Kleine Staat 1) oder über die Webseite www.vvvmaastricht.nl anmelden. | Tipp Bassin, der Binnenhafen vis-à-vis des »Eiffel«, hat längst seine historische Bedeutung verloren. Ein kleiner Rundgang und ein Blick auf die angebrachten Tafeln, die die Geschichte des Hafens erzählen, bieten sich an.

30 Der Ellen Truijen Shop

Die Herrin der Taschen

Nur für kurze Zeit sah es in den 1970er Jahren so aus, als würde der Mann von Welt für alles, was er damals brauchte, nämlich Feuer, Pfeife und Stanwell, einen extra Behälter mitführen. Der Versuch, die Herrentasche einzuführen, scheiterte spektakulär kläglich. Schon sehr bald erkannte man im Träger des niedlichen Utensils mit untrüglicher Sicherheit den Postbeamten des mittleren Dienstes, der darin sein Brillenputztuch verstaute.

Die Herrentasche verschwand alsbald von der Bildfläche, und richtige Männer steckten sich die Packung Marlboros fortan über der Schulter unter das T-Shirt. Kurzum, Männer kennen sich im Allgemeinen mit Handtaschen nicht aus und bilden sich diesbezüglich auch nicht weiter, indem sie Zeitschriften wie »Elle«, »Vogue« oder »Glamour« lesen. Täten sie das, wären ihnen die Taschen von Ellen Truijen begegnet. Deren Produkte werden schon länger europaweit gefeiert und sind gerade dabei, den amerikanischen Markt zu erobern.

Menschen, die sich damit auskennen, also überwiegend Frauen, loben das Einfache und Zeitlose an Ellen Truijens Designs. Außerdem sollen die Stücke bei längerem Tragen immer schöner werden. Kann man auch nicht von allen Dingen behaupten. Ellen Truijen sagt, dass sie ihre Taschen eher modelliert als entwirft und dass sie dabei wie eine Bildhauerin vorgeht. Der kreative Prozess wird durch die Arbeit mit dem Material – überwiegend Leder – angestoßen.

Dass die Maastrichterin so erfolgreich ist, verdankt sie der Qualität ihrer Produkte, ihrer Eigensinnigkeit und vielleicht auch ein bisschen dem Umstand, dass sie die Modebranche nicht so furchtbar wichtig nimmt. Das Geschäft in Maastricht war ursprünglich als Versuchsaufbau gedacht. Die Werbeagentur, der Truijen beruflich und privat verbunden ist, wollte mal wissen, wie so ein Fashion-Retailer eigentlich tickt. Gerade finden sie heraus, wie ein Global Player tickt.

Adresse Frankenstraat 197, 6224 GP Maastricht, Tel. 0031/433611343, www.ellentruijen.com | ÖPNV Bus 3, Haltestelle Frankenstraat | Öffnungszeiten Do 13–21 Uhr, Fr 11–18 Uhr | Tipp Maastricht ist, was Mode angeht, voller junger Talente. Wer die aufstrebende Fashion-Designerin Lena Berens kennenlernen will, geht in die Maastrichter Heidenstraat 2.

31 Die europäische Radstraße

Vorfahrt für die Pedalisten

Das Fahrrad hat in den Niederlanden als Fortbewegungsmittel einen besonderen Stellenwert, und Radfahrer genießen weitreichenden Artenschutz. Sie dürfen im Straßenverkehr mehr oder weniger tun und lassen, was sie wollen. Dass die erste europäische Radstraße ausgerechnet in Maastricht eingeweiht wurde, hat aber wohl auch damit zu tun, dass man hier ein Abonnement auf alles »Europäische« hat. Und vor allem auf das, was sich darüber finanzieren lässt.

Das zunächst Auffälligste an der Bilserbaan und ihrer Verlängerung, der Weustenraadstraat, ist der rote Asphalt, der sie seit 2013 als überdimensionalen Radweg mit Kfz-Duldung ausweist.

Die beiden kleinen Straßen zwischen Pottenberg und Malpertuis haben aber noch mehr zu bieten. Am Ende der Weustenraadstraat erhebt sich das Sterflat, gebaut 1976 und mit 16 Stockwerken immer noch eines der höchsten Gebäude in Maastricht. Das ist zwar groß, aber deshalb noch lange nicht großartig, zumindest verglichen mit der Architektur, die man hinter dem Schild erkennt. Die Betonkonstruktion, die in einer »Kiste« aus Eichenholzplanken steckt, hat der bildende Künstler Christoph Seyferth 2004 konzipiert und gebaut. Zwei Jahre später meldete er Konkurs an, da sich die progressive Villa für 850.000 Euro einfach nicht verkaufen ließ. Erst als der Preis um die Hälfte reduziert wurde, fand sich ein Interessent.

Um noch einmal auf das Thema Radfahren zurückzukommen: Pedalisten dürfen hier zwar viel, aber mit einem unzureichend ausgestatteten Vehikel unterwegs zu sein, kann sehr teuer werden. Schon eine fehlende Klingel schlägt aktuell mit 35 Euro zu Buche und bildet damit nur das untere Ende des Bußgeldkatalogs. Für ein fehlendes Licht zahlt man mindestens das Doppelte. Dennoch sind fast alle Fahrräder in Maastricht weniger wert als das Fahrradschloss, mit dem sie angekettet werden. Warum, das wird noch zu klären sein.

Adresse Bilserbaan, 6217 JG Maastricht | **ÖPNV** Busse 1, 2, Haltestelle Via Regia/Dokter van Kleefstraat | **Tipp** Zur Moschee am Ende der Weustenraadstraat gehören ein Supermarkt, der auch sonntags geöffnet hat, und ein Restaurant, in dem man günstig und gut essen kann. In der Nähe und zu empfehlen ist auch das »Café 1900« am Orleansplein 14b.

32 Das FabLab

Pralinen aus dem Drucker?

Die sogenannte Makerszene boomt. Viele behaupten, dass die nächste technische Revolution durch experimentierfreudige Do-it-yourself-Jünger angestoßen wird, die sich an Orten wie dem FabLab in Maastricht organisieren. Hier herrscht Aufbruchsstimmung. Zukunftstechnologien wie der 3-D-Druck werden konstant erprobt und weiterentwickelt. Die Bauteile für die Maschinen, die man dafür benötigt, kommen zum Teil selbst aus dem 3-D-Drucker. Die Entwicklung schreitet in schwindelerregendem Tempo voran.

Das FabLab Maastricht, eines von mehr als 360 seiner Art weltweit, hat bereits erhebliche Pionierarbeit geleistet. Es gehört zu den ersten, die erfolgreich Objekte aus Materialien mit Eigenschaften von Holz, Gummi, Glas, Keramik oder Bronze via 3-D-Drucker erzeugt haben. Selbst vor dem Druck von Lebensmitteln schrecken die Maastrichter nicht zurück und beschicken die Geräte unter anderem mit Schokolade. Die Vorteile des Druckens von Lebensmitteln sind die gleichen wie beispielsweise beim Drucken von Kleiderhaken: bedarfsgerechte und individualisierbare Produktion zu einem für jeden bezahlbaren Preis. Die dramatisch gesunkenen Kosten eines 3-D-Druckers machen es möglich.

Das Maastrichter FabLab gehört zu den umtriebigsten Akteuren in der Szene und ist mittlerweile eine Keimzelle für neue Technologien und Verfahren, die in alle Himmelsrichtungen ausstrahlt. Es verfügt über eine beachtliche technische Ausstattung. Außer elf verschiedenen Druckern stehen hier auch drei Laserschneider, und es gibt die Möglichkeit, Ganzkörper-Scans durchzuführen. Die Geräte können stundenweise und gegen Bezahlung reserviert werden. Wer sich einmal grundsätzlich über die Möglichkeiten informieren möchte, kann an diversen Workshops teilnehmen (Anmeldung über die Webseite). Auch dem, der bisher noch nichts mit der Materie zu tun hatte, helfen die Mitarbeiter des FabLabs bei der Prüfung und Umsetzung von Projektideen weiter.

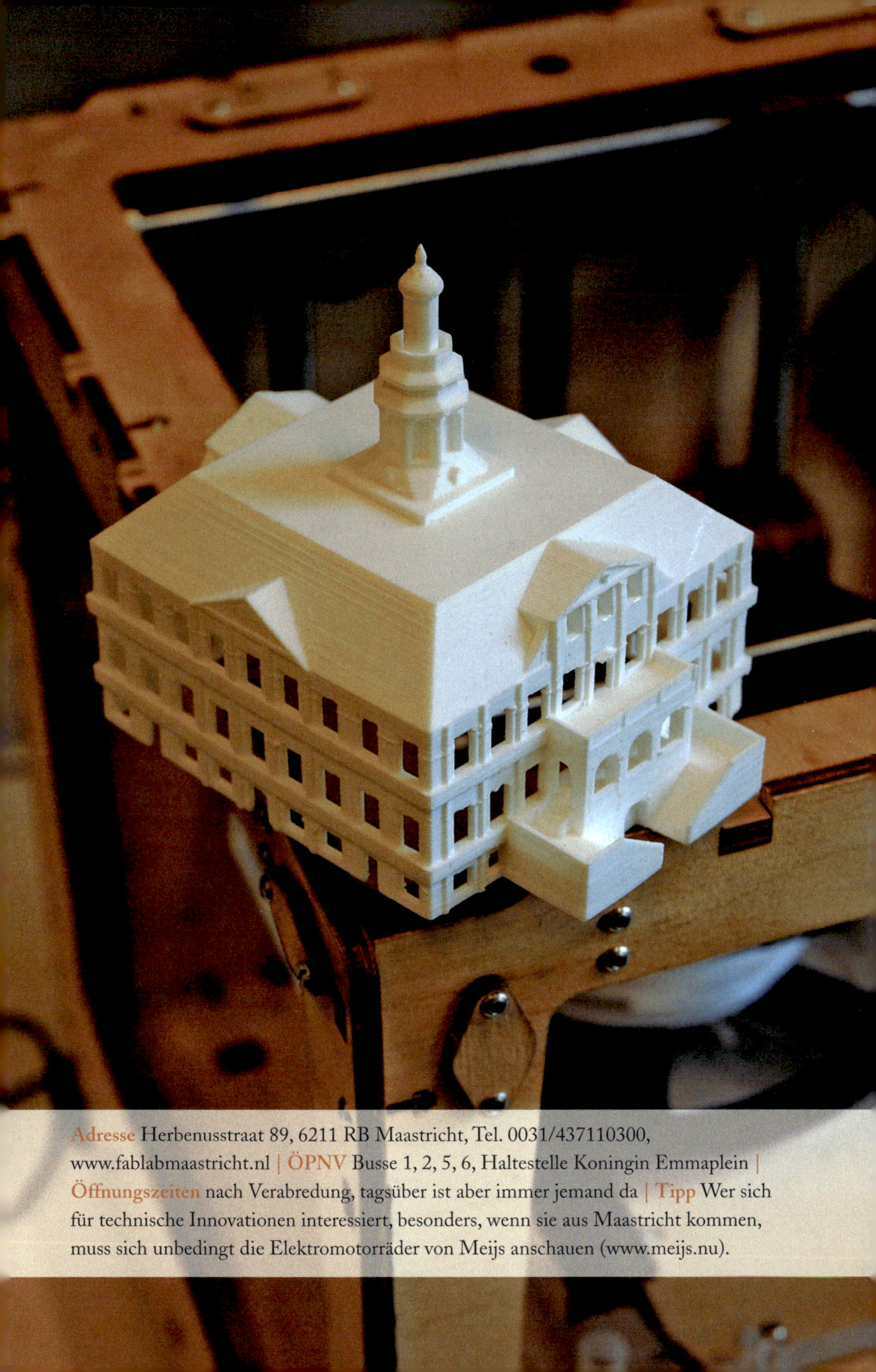

Adresse Herbenusstraat 89, 6211 RB Maastricht, Tel. 0031/437110300, www.fablabmaastricht.nl | **ÖPNV** Busse 1, 2, 5, 6, Haltestelle Koningin Emmaplein | **Öffnungszeiten** nach Verabredung, tagsüber ist aber immer jemand da | **Tipp** Wer sich für technische Innovationen interessiert, besonders, wenn sie aus Maastricht kommen, muss sich unbedingt die Elektromotorräder von Meijs anschauen (www.meijs.nu).

33 Das Fegefeuer

Alle Wege führen über Maastricht

Im Jahre des Herrn 1632 wurde Maastricht von den Niederländern eingenommen, und die vormals katholische St. Janskerk und zwei weitere Kirchen wurden protestantisch. Die kleine Straße zwischen St. Jan und der katholischen St.-Servatius-Kirche hatte lange Zeit keinen Namen. Als man das aus feuerwehrtechnischen Gründen in den 1970er Jahren änderte, bewies man Humor und nannte sie »Het Vagevuur«, das Fegefeuer.

Zwischen Hendric van Veldekeplein und Vrijthof gibt es entlang von Het Vagevuur einiges an Spannendem und Amüsantem zu entdecken, als da wären: Links des Bergportals von St. Servatius (das mit den großen Gittern) hat man Monolfus und Gondolfus platziert, die beiden, die 805 zwar schon verblichen waren, dann aber doch noch mal rausmussten, um Karl dem Großen einen Gefallen zu tun. Eine sehr abgefahrene Geschichte. Das Mosaik im Boden des Bergportals, das ein Labyrinth darstellt, ist ein schönes Beispiel für das, was manche den Maastrichter Chauvinismus nennen. Es zeigt in der Mitte Jerusalem und am Rand verteilt die wichtigsten Pilgerstädte. Wenn man das Labyrinth abläuft, wird man feststellen, dass man immer über Maastricht gehen muss, um zur Heiligen Stadt zu gelangen.

Ein Stückchen die Straße hinab kann man links und rechts an beiden Kirchen noch erkennen, dass sich dort einst Seiteneingänge befanden. Nachdem man sich konfessionell nicht mehr grün war, wurden sie verschlossen. Die Klosterbrüder von St. Servatius ließen sogar gleich die Maurer kommen. Noch ein Stückchen weiter gibt es an St. Jan ein Hagioskop. Die kleinen Fenster waren im Mittelalter sehr verbreitet und ermöglichten, von außen auf den Altar zu schauen und so an einer Messe teilzunehmen, ohne die Kirche zu betreten. In den Zeiten der großen Epidemien eine Notwendigkeit, damit Gesunde sich nicht anstecken konnten. Hagioskope werden deshalb auch Lepraspalte genannt.

Adresse Het Vagevuur, 6211 Maastricht | **ÖPNV** Busse 3, 4, 9, 34, Haltestelle Vrijthof | **Tipp** Sowohl die St. Janskerk als auch die St.-Servaasbasiliek muss man sich ansehen. Letztere ist nicht zuletzt wegen ihrer Schatzkammer berühmt.

34 Das Franziskanerkloster

Die Nummer zwei am Minderbroedersberg

In Maastricht muss man immer genauer spezifizieren, wenn man vom Franziskanerkloster spricht, denn es gab mehrere. Hier ist die Rede vom sogenannten »zweiten Franziskanerkloster«, das seit 1999 von der Universität als Verwaltungsgebäude genutzt wird. Das »erste Franziskanerkloster« ist in der St. Pieterstraat. In dem ebenfalls bedeutenden und sehr sehenswerten Kirchenbau befindet sich das »Regionaal Historisch Centrum Limburg« (RHCL).

Bereits 1699, im gleichen Jahr, in dem mit dem Bau des Klosters begonnen wurde, fand dort der erste Gottesdienst statt. Es dauerte allerdings noch sechs Jahre, bis die Kirche fertig war. Die Franziskaner hatten nur relativ kurz etwas von ihrem neuen Kloster. 1796 kamen die Franzosen und machten daraus ein Gerichtsgebäude. Nachdem sie abgezogen waren, blieb die Kirche von 1825 bis 1994 der Sitz des Maastrichter Gerichts. Die anderen Gebäude dienten ab 1975 als Gefängnis.

Am 1. November 1978 ereignete sich an der Nieuwstraat in Kerkrade ein tragischer Vorfall. Die RAF-Terroristen Rolf Heißler und Adelheid Schulz überquerten, getarnt als harmlose Passanten, die deutsch-niederländische Grenze. Als sie in eine Personenkontrolle der niederländischen Grenzpolizei gerieten, machten sie Gebrauch von den mitgeführten Maschinenpistolen und erschossen zwei Beamte, ein weiterer überlebte den Anschlag. Die beiden Terroristen flüchteten in einem gestohlenen Kleinbus in Richtung Maastricht und per Zug weiter nach Belgien. Rolf Heißler wurde 1980 festgenommen und zu einer lebenslangen Haftstrafe verurteilt. Die Zeugenvernehmungen zum Prozess fanden hier, im ehemaligen Franziskanerkloster, statt. Anwesend war auch Gerard Mols. Mols, der von 2003 bis 2012 Rektor der Universität Maastricht werden sollte, war seinerzeit einer der Verteidiger des Terroristen Heißler. Als er seinen Posten als Rektor antrat und sein Büro, wiederum im Franziskanerkloster, bezog, war ihm das Gebäude also bereits gut bekannt.

Adresse Minderbroedersberg 4–6, 6211 LK Maastricht | **ÖPNV** Busse 3, 4, 9, 34, Haltestelle Papenstraat | **Öffnungszeiten** an sich nicht öffentlich, aber wenn keine Semesterferien sind, kann man das Gebäude jederzeit betreten | **Tipp** Das Archiv in der Kirche des ersten Franziskanerklosters (St. Pieterstraat 5–7) ist eher für Historiker von praktischem Nutzen, die Kirche sollte man sich aber trotzdem anschauen. Die Atmosphäre ist phantastisch, und auch der architektonisch neue Teil im Innenbereich der Anlage ist interessant.

35 Der Freitagsmarkt

Fish and Chips nach Maastrichter Art

Früher war der Markt vollständig von geschlossenen Häuserreihen umgeben. Das Bild um das historische Rathaus herum hat sich jedoch, zum Leidwesen vieler Maastrichter, in den vergangenen Jahrzehnten ziemlich verändert.

Unbeeindruckt davon spielt sich hier an jedem Markttag das gleiche Ritual ab. Händler bauen frühmorgens ihre Stände auf. Zwischendurch geht es zur »Stärkung« ins »D'n Dolle Dries« (Markt 31) oder ins »Rozenhoedje« (Boschstraat 109). Die beiden Traditionslokale sind eine Empfehlung für sich.

Freitags stehen die Fischhändler am Markt. Traditionell haben sie ihren Platz dort, wo die Boschstraat beginnt, und das schon seit Jahrhunderten. Das hört sich romantischer an, als es ist, und dennoch – hinter der Statue des Johannes Petrus Minckeleers, dem Erfinder der Gaslampe, findet man auch heute noch so etwas wie Authentizität und »Maastrichtse Geest«, den Geist Maastrichts.

Ebenfalls nur freitags bekommt man exotisches Gemüse und Obst bei Dusee. Der Stand ist vor allem bei den zahlreich aus Belgien anreisenden Afrikanern beliebt. Der Rest des Freitagsmarktes besteht zum größten Teil aus Ständen mit Durchschnittsware, die man auf jedem x-beliebigen Markt findet. Hier und da entdeckt man noch einen Rest von Originalität, aber die Suche nach der Nadel im Heuhaufen ist mühsam und frustrierend.

Die Gebrauchsanweisung lautet also wie folgt: An einem Fischstand anstellen. Sollte sich eine längere Wartezeit abzeichnen, schon mal jemanden losschicken, der hinüber zur anderen Seite läuft, um bei Frituur Reitz (Markt 75) Fritten mit Mayo zu holen. Wenn man dran ist, frittierten Fisch im Brötchen bestellen. Das Brötchen hat mit großer Wahrscheinlichkeit weder besonders viel Geschmack noch großen Nährwert und dient lediglich dazu, sich die Finger nicht fettig zu machen. Einen Platz am Brunnen zu Füßen der Mooswief suchen und alles aufessen. Eet smakelijk!

Adresse Markt, 6211 CL Maastricht | ÖPNV Busse 3, 4, 9, 10, 34, 150, Haltestelle Markt | Öffnungszeiten Die Stände öffnen um 9 Uhr, und abgebaut wird gegen 15 Uhr. | Tipp Weitere regelmäßige Märkte sind an folgenden Tagen: Mittwoch normaler Markt auf dem Marktplatz, donnerstags Biomarkt in der Stationsstraat, Samstag Trödelmarkt in der Stationsstraat, Sonntag Trödelmarkt auf dem Marktplatz.

36 Der Frontenpark

»Adopt a bee, honey!«

Die offensichtlichsten Zeichen der Veränderung sind ein geschwungener Pfad aus Betonplatten, der entlang einer ehemaligen Eisenbahntrasse verläuft, und die »Bienenstöcke im Himmel«. Die zwei gelben Kästen hängen demnächst in luftiger Höhe an einem Mast, wo sie, so hofft die Initiative »Bee Collective«, die das Projekt ins Leben gerufen hat, auch vor Vandalismus geschützt sind. Nach einem Pilotprojekt im ehemaligen Sphinx-Park, der sich hinter dem Eiffel-Gebäude an der Boschstraat befand, wurde die erfolgreiche Crowdfunding-Kampagne »Adopt a bee, honey!« gestartet, um den »Sky Hive« im Frontenpark zu finanzieren. Das Herauf- und Herabfahren der Kästen wird übrigens nicht per Handbetrieb erfolgen, wie man vermuten könnte, sondern mit Hilfe eines Elektromotors, der mit Solarstrom betrieben wird. Über einen zweiten Standort in Maastricht denkt man nach.

Im Gegensatz zu den Hoge Fronten (siehe Seite 134), die in der öffentlichen Wahrnehmung sehr präsent sind, waren die Lage Fronten jahrzehntelang hinter Fabrikkomplexen versteckt und darüber fast ein bisschen in Vergessenheit geraten. Das versucht man nun zu ändern. Namentlich das »Bureau Europa«, die Netzwerker in Sachen Architektur und Design, bemühen sich, das Areal bekannter zu machen und die Maastrichter zu animieren, sich an der Planung für die Zukunft zu beteiligen. Ein Unterfangen, das gerade erst beginnt, Früchte zu tragen. Ein Naturspielplatz und ein Bürgergarten für Menschen mit Behinderungen sind bereits in der konkreten Planung, aber noch ist viel Spielraum für Bürgerbeteiligung gegeben.

Allzu große Eingriffe wird es im Frontenpark aber nicht geben. Zumindest soll das Gebiet als Naturraum erhalten bleiben und sich als solcher auch »natürlich« entwickeln, sodass die Umwelt, und damit auch der Mensch, davon profitiert. Die »Bienenstöcke im Himmel« sind in dieser Hinsicht ein wertvoller Beitrag.

Adresse entlang des Frontensingels (Lage Fronten), 6219 Maastricht | ÖPNV Busse 1, 2, 5, 6, 9, 66, Haltestelle Frontensingel/Maagdendries | Tipp Das Büro und der Ausstellungsraum von »Bureau Europa« sind in der Timmerfabrik, Boschstraat 9. Dort kann man sich zu den Öffnungszeiten unter anderem über das Projekt Frontenpark informieren (www.bureau-europa.nl).

37 Die Galerie KunstFront

»Friede den Hütten!«

KunstFront ist der Traum aller freien Kulturschaffenden, und die, die sich von Amts wegen mit Kultur beschäftigen, beäugen das Projekt wahlweise kritisch oder neidvoll. Es gibt viel Platz, es wird nicht über Geld, sondern erst einmal über Perspektiven und gemeinsame Ziele geredet, aber es wird vor allem nicht nur *geredet*, sondern auch *gemacht*. Und das Beste: Jeder darf mitmachen. Wie soll das gehen? Zunächst einmal sind Diana Gambardella und Sándor Sinkó alias »KunstFront« sehr engagierte Menschen, deren Anliegen es ist, dass Kultur von »unten« gemacht wird. Die beiden bezeichnen sich als Pioniere der Subkultur in Maastricht, was wohl zutrifft. Seit Kurzem sind sie wieder sehr aktiv und haben das letzte Gebäude besetzt, das nach dem Abriss der ehemaligen Radium Rubber Fabrik (siehe Seite 122) am Cabergerweg noch stehen blieb. Und das steht im Prinzip jedem offen, der gute Ideen mitbringt. Das ist erst einmal das Angebot.

Momentan wohnen und arbeiten Diana und Sándor vor Ort. Außer potenziellen Ateliers gibt es einen großen Ausstellungsraum, einen Gemeinschaftsraum und eine Küche. Und dann wäre da noch das großartige Foyer, das noch an die Herrlichkeit der fetten Jahre der Fabrik erinnert. Kürzlich zogen die Kulturaktivisten der Gruppe MANDRIL vorübergehend hier ein und werden sicher von sich reden machen. Seit sie ihre Domäne in der Boschstraat verlassen mussten, sind sie auf der Suche nach einer neuen Heimat.

Sich mit KunstFront zu verabreden ist manchmal nicht einfach, aber möglich. Sollte es auch sein, denn neben den etwas konspirativ klingenden Aktivitäten gibt es hier auch ganz herkömmliche Keramikkurse (die Disziplin von Diana und Sándor) und Workshops rund um das Thema Inklusion. Anlässlich der letzten Kunstroute in Maastricht waren die Türen von KunstFront geöffnet. Man kann eine solche Gelegenheit abwarten – oder aber einfach mal dort klingeln.

Adresse Cabergerweg 45, 6219 PE Maastricht, Tel. 0031/640879215, www.facebook.com/pages/KunstFront/161158427236036 | **ÖPNV** Busse 1, 2, 5, 6, 9, 66, Haltestelle Frontensingel/Maagdendries | **Öffnungszeiten** zu den Kursen und nach Vereinbarung | **Tipp** Wenn man auf dem Weg zur KunstFront durch die Capucijnenstraat geht, sollte man einen Zwischenstopp bei Marres einlegen (Hausnummer 98) und schauen, ob es in der Galerie für zeitgenössische Kultur gerade eine Ausstellung gibt. Lohnt sich immer.

38 Die Garage Jan Jacob

Alles, was mindestens vier Räder hat

Die Werkzeuge und Maschinen, die in der Garage Jan Jacob benutzt werden, sind zum Teil älter als die Oldtimer, die hier zur Reparatur stehen. Man kommt aus dem Staunen gar nicht heraus und mag nicht glauben, was an diesem Ort alles an Automobilgeschichte zusammenkommt. Wüsste man es nicht besser, würde man denken, man ist in einem Museum. Es sind nicht nur die Autos, sondern das ganze Drumherum: alte Plakate, Blechschilder und Regale aus einer Zeit, in der man noch nicht geboren war.

Von den meisten Automarken, die hier schon repariert wurden, hat man noch nie gehört. Die Namen klingen nach Stummfilmdarstellern: Rochet-Schneider, Dion-Bouton, Lorraine-Dietrich, Panhard & Levassor … böhmische Dörfer. Die ein oder andere Ikone hat man zumindest schon einmal gesehen. Ein roter Jaguar E-Type steht auf einer Rampe. Ein richtiges Tier von einem Wagen. Unter einer Plane lugt ein DeSoto aus den frühen 1950er Jahren hervor, und daneben steht ein Chevrolet, etwa gleicher Jahrgang.

Für Eric Jacob, der den Betrieb von seinem Vater übernommen hat, ist das alles nichts Besonderes. Er hat schon an so ziemlich allem geschraubt, was mindestens vier Räder hat. Ach nein, eine »La Nef« hatte er auch schon mal zwischen den Fingern, und die hat nur drei Räder.

Vater Jan Jacob kommt schon mal vorbei, um an seinem Hillman Super Minx zu basteln. Hillman gehörte zur englischen Roots Group, die Autos wurden zwischen 1961 und 1967 gebaut. Jan Jacob hat sie hier noch als Neuwagen verkauft. Commer, Humber, Karrier, Singer, Sunbeam … noch mehr böhmische Dörfer. Die Jacobsens sind sympathische, aber ziemlich wortkarge Typen und sehen das alles eher unromantisch. Eric, der Letzte in der Familie (ohne Stammhalter), sagt, wenn er hier einmal dichtmacht, dann gebe es eben ein Familienunternehmen weniger in Maastricht. So sei das nun mal. Schade wäre das. Sehr, sehr schade.

Adresse Scharnerweg 165b, 6224 JE Maastricht, Tel. 0031/433637629 | ÖPNV Busse 3, 4, 6, 10, 51, 53, Haltestelle Koningsplein | Öffnungszeiten Mo–Fr 8.30–12 Uhr und 13–17.30 Uhr | Tipp Beim Uhrmacher und Goldschmied »Scorpione«, gleich nebenan im Scharnerweg 169, gibt es auch Oldtimer, aber ganz andere.

39 Der Garten an der »Pagode«

Ein schöner Rücken kann auch entzücken

Den Turm des alten Provinzhauses nannte man ein »etwas zu groß geratenes Wachhäuschen« oder auch »Pagode« wegen seines Satteldaches. Die Bezeichnungen sind allemal schmeichelhafter als der Spitzname, den sich die Maastrichter für das neue Provinzhaus ausgedacht haben. Der nimmt nämlich Bezug auf einen gewissen Felsen in Gibraltar.

Von der Bouillonstraat aus schaut man auf die Schokoladenseite des alten Provinzhauses, und von hier aus wird es täglich hundertfach geknipst. Innen aber hat das Gebäude noch viel mehr zu bieten. Wenn man den Eingang an der Bouillonstraat benutzt, geht es rechts an der Anmeldung vorbei in einen Flur, über den man einen wundervollen, fast verwunschenen Garten erreicht. Er ist älter als das Gebäude, das 1930 um ihn herum gebaut wurde. Vormittags ist die beste Zeit für einen Besuch, denn dann steht die Sonne günstig, und man kann im Schatten der Bäume oder der Pergola, die eine antike Anmutung hat, Getränke und Snacks genießen, die man in der Cafeteria vor Ort bekommt. Das Gebäude ist seit 1998 im Besitz der Universität, die hier die Fakultät für Rechtswissenschaften untergebracht hat. Wer kein Student ist, zahlt etwas drauf, aber die Preise sind dennoch günstig.

So erfrischt und gestärkt, tritt man den Rundgang durch das Gebäude an. Interessant ist die Wandarbeit im Treppenhaus rechts des Eingangs. Geht man dort ganz nach oben, hat man einen fabelhaften Blick aus dem dritten Stockwerk hinunter in die lang gezogene Halle, an deren Ende Justitia über allem schwebt und mit verbundenen Augen für Gerechtigkeit sorgt. Sehr sehenswert ist auch der sogenannte Statenzaal (erster Stock, Flügel an der Lenculenstraat). Wenn man nett fragt und der Saal nicht belegt ist, kann man einen Blick hineinwerfen, und der, das ist garantiert, wird einen umhauen. Der Turm ist leider nicht zugänglich. Er wird als Magazin genutzt.

Adresse Bouillonstraat 1, 6211 LH Maastricht | ÖPNV Busse 3, 4, 9, 34, Haltestelle Papenstraat | Öffnungszeiten an sich nicht öffentlich, aber wenn keine Semesterferien sind, kann man das Gebäude jederzeit betreten | Tipp Wer eine günstige und nicht alltägliche Unterkunft sucht, sollte es mit dem »Esperanto Domo« B&B um die Ecke in der Lenculenstraat 11 probieren. Sehr klein, aber sehr persönlich und preislich attraktiv.

40 Der Garten »De Heerenhof«

Mekka für Gartenpilger

Ein großer Garten ist schön, macht aber viel Arbeit. Wie viel Zeit Jan und Jo de Heerenhof hier investieren, damit ihnen die ganze Pracht nicht irgendwann über den Kopf wächst, das will man gar nicht wissen. Der Besucher jedenfalls wandert durch die paradiesische Anlage und bekommt den Mund vor Staunen nicht mehr zu. Kein Wunder, dass hier Busladungen mit Gartenpilgern aus aller Welt eintreffen, die den Garten, oder besser die Gärten, mit eigenen Augen sehen wollen.

Zwei große Grundstücke, direkt nebeneinanderliegend und miteinander verbunden, bilden ein Ganzes und unterscheiden sich dennoch grundlegend.

Im sogenannten »alten Garten« folgt die Gestaltung einer Dramaturgie, und das ist beim beruflichen Hintergrund der Besitzer, die beide aus dem Theaterfach kommen, durchaus wortwörtlich zu nehmen. Außer Wegen, Beeten und dergleichen gibt es hier den Bereich, den sie das »Grüne Theater« nennen und der manchmal als Mini-Freiluftbühne fungiert. Im eigenen Gewächshaus werden, unter anderem, Tulpen für den Eigenbedarf gezogen. Ihre 30-jährige Erfahrung und ihre Ableger teilen Jan und Jo, die sich inzwischen auch einen Namen als Gartenarchitekten gemacht haben, aber auch gerne mit anderen. Ein Gästehaus und eine kleine Plattform, von der aus man das ganze Areal überblicken kann, sind Teil ihrer Idee »Bed & Garden«. Für die maximale De-Heerenhof-Experience kann man sich hier einmieten.

Bei der Gestaltung des »neuen Gartens«, der vor rund zwölf Jahren entstand, dominieren klare Linien. Das Wohnhaus, das Wiel Arets entworfen hat (siehe auch Seite 210), passt gut dazu. Die Frage danach, wie das alles bei den Nachbarn ankommt, beantwortet Jan mit einem Lächeln: »Kommt drauf an, was die Pfauen so anstellen.« Einer der beiden weißen Pfauen – nicht die einzigen Tiere hier, aber die spektakulärsten – verschwindet gerade in der Hecke zum Nachbargrundstück.

Adresse Veldstraat 12, 6227 SZ Maastricht, Tel. 0031/434084800, www.heerenhof.nl | **ÖPNV** Busse 10, 150, Haltestelle Veldstraat | **Öffnungszeiten** Nur an den Wochenenden im Juni geöffnet, Sondertermine stehen auf der Webseite. Gruppen können nach Absprache den Garten das ganze Jahr über besuchen. | **Tipp** Nahe der Veldstraat liegt der alte Ortskern von Heer, dem Ortsteil, in dem der Garten liegt. Die Oude Kerkstraat sollte man sich ansehen.

41 Die Gebrüder Crijns

Trockenbau-Klassiker und Kois

Das Abbruchunternehmen Crijns blickt auf eine lange Tradition in Maastricht zurück. Früher waren das Hantieren mit der Abrissbirne und dergleichen das Hauptgeschäft der Firma, die die Brüder vom Vater übernahmen. Heute haben sie sich mehr auf den Handel mit Baustoffen aller Art verlegt. Allerdings sollte man Crijns nicht mit dem herkömmlichen Baustoffhandel um die Ecke verwechseln. Was hier verkauft wird, war entweder schon einmal irgendwo eingebaut oder kommt aus Restbeständen, Reklamationen oder Überproduktionen. Sprich: Ist nicht mehr taufrisch, aber dafür umso günstiger.

Vor und in der Halle stapeln sich vor allem Trockenbau-Klassiker wie Heizkörper, Türen, Fenster, Holzplanken und Dämmstoffplatten. Die Brüder kaufen gerne große Mengen zu günstigen Preisen ein und geben diesen Vorteil dann weiter. Leben muss der Kunde dann lediglich damit, dass die Sachen nicht neu und vor allem nur in den vorhandenen Mengen und Maßen zu haben sind. Vorher eine Einkaufsliste zu machen ist ziemlich obsolet. Wen das überfordert, der wird bei Crijns nicht glücklich. Dies ist ein Platz für Menschen mit ausgeprägtem Jagdinstinkt und Phantasie. Und auch wenn etliche hier mit geradezu sportlichem Ehrgeiz aus Preiskalkül kaufen, so macht es doch am meisten Spaß, sich durch das kunterbunte Angebot inspirieren zu lassen. Sollte dann doch einmal passend gemacht werden müssen, was partout nicht passt, hilft im Falle von Holzbaustoffen der Schreiner weiter, dessen Werkstatt sich praktischerweise direkt in der Halle der Crijns befindet.

Dass es hier auch Zierfische zu kaufen gibt, überrascht nur im ersten Moment. Auch für die kompletten Boote, die hier lagern, und überhaupt für alles, was der Erstkunde fassungslos und staunend zur Kenntnis nimmt, gibt es eine Erklärung. »Wer zum ersten Mal hier ist, den lässt man am besten einfach erst einmal laufen«, sagen die Crijns'.

Adresse Schoenerweg 50, 6222 NX Maastricht, Tel. 0031/434070422 | ÖPNV Bus 100, Haltestelle Maastricht Noord, oder Bahn bis Station Maastricht Noord | Öffnungszeiten Mo–Fr 7.30–17.30 Uhr, Sa 7.30–13 Uhr | Tipp Östlich vom Schoenerweg verläuft parallel der Fregatweg, den man überquert, um auf das Gebiet des Beatrixhafens zu gelangen. Ein toller Industrieort, um Fotos zu machen oder sich einfach mal umzusehen.

42 Die Geigenbauer Rijsemus

Wie der Vater, so der Sohn

Dass die Maastrichter Geiger, die ab 1885 nach Aachen oder Lüttich fahren mussten, um ein Instrument zu kaufen oder reparieren zu lassen, nach fast 100 Jahren wieder einen Geigenbauer in ihrer Heimatstadt beauftragen konnten, hatten sie einem Missgeschick zu verdanken.

Als M.C. Rijsemus im zarten Alter von sieben Jahren seine Geige fallen ließ, ahnte niemand, dass der kleine Unfall dazu führen würde, dass er später Geigenbauer werden würde. Und das kam so: Da das Instrument repariert werden musste, brachte man es zu einem Geigenbauer in Amsterdam. Dessen Arbeitsplatz faszinierte den jungen Rijsemus derartig, dass er beschloss, ebenfalls diesen Beruf zu ergreifen, anstatt Pilot zu werden. Wenn man seine Werkstatt in der Maastrichter Heidenstraat sieht, kann man nachvollziehen, was er seinerzeit empfunden haben muss. Wer würde sich nicht gerne täglich mit dem Bau, der Restauration oder der Reparatur der kleinen Tonwunder beschäftigen, von denen jedes seine klanglichen Besonderheiten hat und die, bei genauer Betrachtung, auch höchst unterschiedlich aussehen. Einige dutzend davon, von der nahezu schwarzen »Wiener Geige« bis hin zur goldgelben italienischen Variante, zieren die Wände der Werkstatt. Kein Wunder, dass täglich Schaulustige vor dem Fenster zur Straße stehen und ungeniert ihre Kompaktkameras zücken.

Vater Rijsemus hebt ab und an den Blick, um kritisch zu inspizieren, was Sohn Nils gerade tut, der ihm gegenübersitzt. Nils, der die Werkstatt übernehmen wird, steht am Ende der zehnjährigen Ausbildung, die jeder Geigenbauer durchlaufen muss, damit er diese Berufsbezeichnung führen darf. Seine allererste Geige lieh er einem Freund, der in André Rieus Orchester spielte. Rieu hörte die Geige – noch unlackiert und deshalb scherzhaft im Orchester als IKEA-Geige tituliert – und kaufte sie. Eine Bestätigung für den jungen Geigenbauer, der bald ein Meister sein wird.

Adresse Witmakersstraat 1 (Eingang Maastrichter Heidenstraat), 6211 JA Maastricht, Tel. 0031/433219159 | ÖPNV Busse 4, 150, Haltestelle Hondstraat | Öffnungszeiten Di, Mi, Do, Fr 9–12 und 15–18 Uhr, Sa 9–16 Uhr | Tipp Warum man besser Geigenbauer als Gitarrenbauer wird? Gitarristen haben nie Geld. Günstige Gitarren aus zweiter Hand bekommt man bei Music House Daan Smit BV, Akerstraat 16b.

43 Der gestohlene d'Artagnan

Mal eben so vom Sockel geholt

Ganz so lustig, wie Alexandre Dumas sich das ausgemalt hat, war das Leben der Musketiere nicht. D'Artagnan zum Beispiel hatte das Pech, unter einem ziemlich großkopferten König zu dienen. Nur weil Ludwig XIV. unbedingt während der Belagerung Maastrichts (13.–26. Juni 1673) am 24. Juni, dem Tag Johannes des Täufers, eine Messe in der Servaasbasiliek feiern wollte, schickte er den armen d'Artagnan auf ein Himmelfahrtskommando in die vordersten Linien, wo dieser von einer Kugel getroffen wurde und starb. Die Attacke blieb ansonsten folgenlos. Zwei Tage später kapitulierte die Stadt, und 1678, nach dem Ende des Niederländisch-Französischen Krieges, zogen die Franzosen ab und gaben sie nonchalant zurück.

Obwohl das alles nicht sehr heldenhaft klingt, arbeitet man in Maastricht an der Legendenbildung. Das ebenso monströse wie kostspielige Standbild d'Artagnans an der Bastion Waldeck evoziert, dass er dort gefallen sein könnte. Die Gebeine des Comte hat man allerdings nie gefunden. Eine weitere d'Artagnan-Statue steht, nach längerer Wanderschaft, seit 1977 am Altenheim Klevarie in der Polvertorenstraat. Immerhin steht sie noch dort und wurde nicht gestohlen, was daran liegen könnte, dass sie aus Stein, also rein materiell gesehen wertlos ist.

Das Schicksal, gestohlen zu werden, ereilte hingegen die D'Artagnan-Statue, die bis 2006 am Tongerseplein stand und von der Bildhauerin Gertrud Januszewski entworfen wurde. Obwohl eher bescheiden an Größe, weckte das Objekt aus Bronze doch Begehrlichkeiten. Der Dieb riss es vom Sockel, und es blieb lediglich ein Stahlstab zurück, den man später, vermutlich aus ästhetischen Gründen, entfernte.

Der Verbleib des Kunstwerkes ist unbekannt. Sollte jemandem eine kleine Statue in die Hand fallen, die an den gestiefelten Kater erinnert: Bitte abgeben. Ansonsten bleibt den Maastrichtern nur, weiterhin auf Ersatz zu hoffen.

Adresse Tongerseplein, 6211 LW Maastricht | ÖPNV Busse 9, 34, Haltestelle Cannerplein | Tipp Noch vorhanden ist eine andere Skulptur von Gertrud Januszewski. Und zwar das Eselchen am Eselsmarkt (der »Ezelsmarkt« liegt zwischen Tongersestraat und Looiersgracht).

44 Das Haus an der Mauer

Klein, aber dein

Herzog Heinrich I. von Brabant erteilte Maastricht 1229 die Erlaubnis, die Stadt zu befestigen. Von einer Mauer war noch nicht die Rede. Zunächst baute man einen Graben und einen Erdwall. Nur die Tore, die man hier und da dazwischensetzte, waren schon recht ansehnlich, wie man am Helpoort sieht, dem ältesten erhaltenen Stadttor der Niederlande. Bis Mitte des Jahrhunderts wurde dann nachgebessert und eine Mauer aus dunklem Kohlesandstein von etwa zwei Metern Breite und fünf Metern Höhe auf den Wall gesetzt, wie man ebenfalls am »Höllentor« noch gut erkennen kann, und zwar links und rechts davon.

Die Stadtmauer von dreizehnhundertund verläuft quer durch das Jekerviertel, und die Straßennamen in der Gegend deuten darauf hin, welche Berufe hier in früheren Zeiten ausgeübt wurden. In der Grote und Kleine Looiersstraat betätigte sich das lederverarbeitende Gewerbe, am Verwerhoek waren es die Färber. Ebendort steht ein merkwürdiges Haus ohne Fenster und Türen. Es ist nicht besonders auf-, sondern eher baufällig, doch es erzählt ein interessantes Stück Stadtgeschichte.

Gegen Ende des 18. Jahrhunderts war bezahlbarer Wohnraum in Maastricht – genau wie heute – sehr knapp. Doch auch die weniger gut Betuchten mussten irgendwo untergebracht werden. So kam man auf die Idee, an die Innenseite der Stadtmauer, entlang der Lang Grachtje und der Kleine Grachtje, eine Reihe von Häusern zu bauen. Die Miete war gering, der Luxus hielt sich allerdings ebenfalls in Grenzen.

Auf den wenigen erhaltenen Fotos aus der Zeit sieht man, wie eng die Grachtjes damals waren. Wer betrunken nach Hause torkelte, so erzählt man, konnte sich gleichzeitig zur linken und zur rechten an einer Hauswand abstützen. Der einzige Vorteil der beengten Verhältnisse. Im Jahre 1900 waren noch fünf der Häuser bewohnt, und 1904 wurden alle, bis auf ein einziges, wieder abgebrochen.

Adresse Ecke Klein Grachtje und Verwerhoek, 6211 KS Maastricht | **ÖPNV** Busse 4, 150, Haltestelle St. Pieterstraat | **Tipp** Man braucht nicht weit beziehungsweise gar nicht zu laufen, um ein weiteres der 1.677 Reichsmonumente Maastrichts zu sehen. Direkt neben dem kleinen Haus befindet sich eine Toreinfahrt, die aus der Spätgotik datiert.

45 Die Hausnummer 2650A

Vom kleinen Jean, den Giebelsteinen und Napoleon

Als die Städte noch überschaubarer waren, war es nicht notwendig, Gebäude mit Hausnummern zu kennzeichnen. Es reichte vollkommen, wenn man ein Schild anbrachte, das auf den Beruf, die Herkunft, den Namen oder besondere Kennzeichen der Bewohner hinwies. Auch Straßennamen waren nicht gebräuchlich. Dass es sie in Maastricht erst ab Mitte des 16. Jahrhunderts gab, lässt sich anhand alter Karten nachweisen.

Bevor man dazu überging, Häuser aus Stein anstatt aus Fachwerk zu bauen, waren die oben erwähnten Schilder aus Holz. Das älteste seiner Art findet man in Maastricht in der Kleine Staat an der heutigen Hausnummer 4. Wenn man dort nach oben blickt, sieht man das Schild mit der Bezeichnung »Petit St. Jean«. Der Bewohner hieß weder Jean, noch war er kleinwüchsig. Gemeint ist hier Johannes der Täufer, dessen Kirche nicht weit weg am Vrijthof steht. Vielleicht waren die Hauseigentümer der Meinung, in einer église en minature zu leben. Man weiß es nicht.

Allmählich setzte sich die Steinbauweise durch, und mit ihr kam die Zeit der Giebelsteine, der »Gevelstenen«. Sie hatten genau die gleiche Funktion wie die Holzschilder. In Maastricht, das im Zweiten Weltkrieg weitgehend verschont blieb, sind noch mehrere hundert davon erhalten, man findet sie überall in der Stadt, wenn man aufmerksam hinschaut. Um 1795 schließlich führte Napoleon die Hausnummern ein. Pragmatischerweise nummerierte man die ganze Stadt fortlaufend durch. So kam das Gebäude in der heutigen St. Bernardusstraat 6 damals zu der Nummer 2650A. Das heute bekannte System der Hausnummerierung wurde erst 1856 für alle Häuser verbindlich eingeführt.

Die weltweit bekannteste Hausnummer aus der Napoleonischen Zeit befindet sich jedoch nicht in Maastricht, sondern in Köln. Es ist die Nummer 4711 in der Glockengasse, die man auch auf dem Etikett des berühmten Eau de Cologne findet.

Adresse St. Bernardusstraat 6, 6211 HL Maastricht | ÖPNV Busse 4, 150, Haltestelle Hondstraat | Tipp In der Bernardusstraat 12 befindet sich das »Witloof«, das für seine typisch belgische Küche bekannt ist. Eine weitere Hausnummer aus der Napoleonischen Zeit findet man übrigens am rechten Türpfosten des Theaters am Vrijthof.

46 Die Hebeschleuse am Afvoerkanaal

Immer auf und ab seit 1931

Wenn man den Bosscherweg stadtauswärts nimmt, wird man an der Brücke über den Jo-Jo-Haven unvermittelt in eine andere Zeit versetzt. Kaum hat man sie überquert und die Nostalgie der Stahlträgerkonstruktion auf sich wirken lassen, taucht hinter der folgenden Biegung schon die nächste Sensation aus der Vergangenheit auf. Mächtig und ehrfurchterregend erhebt sich vor einem, direkt an der Straße und praktisch aus dem Nichts, die Hebeschleuse von 1931. Ein Urvieh.

1929 wird die Maas zwischen Ternaaien und dem Stauwehr bei Borgharen kanalisiert. In diesem Zusammenhang entstehen auch zwei baugleiche Schiffshebewerke. In den rechteckigen Doppeltürmen der Schleusen befinden sich Gegengewichte, mit deren Hilfe die Schleusentore gehoben beziehungsweise gesenkt werden können. Welche Kräfte hier wirken, kann man sich angesichts der gigantischen Ketten, die von außen sichtbar sind, annäherungsweise vorstellen. In der Brücke, die die Türme verbindet, ist das Maschinenhaus untergebracht. Die Konstruktion ist so einfach wie genial.

2016 wurde das zweite Hebewerk, das sich am Anfang des Julianakanal befand, niedergelegt und durch eine hochmoderne Anlage ersetzt. Das verbleibende Hebewerk am Bosscherweg wird dadurch, ganz allgemein und auch historisch gesehen, umso interessanter. Die zigtausend Tonnen an Beton, die hier verbaut wurden, hat man seinerzeit übrigens noch Schaufel für Schaufel von Hand anrühren müssen. Heute wird die Anlage automatisch bedient, der Zutritt ist aber schon deshalb strengstens untersagt, weil sie eben noch in Betrieb ist. Leider werden auch keine Besichtigungen angeboten, sodass man sehen muss, dass man selbst nahe genug an den Komplex herankommt, um sich die Details anzusehen. Wer ein bisschen Zeit mitbringt, der hat vielleicht das Glück, eine Schiffsdurchfahrt zu beobachten. Das Warten auf das grandiose Spektakel lohnt sich in jedem Fall.

Adresse Bosscherweg 101, 6219 NE Maastricht | ÖPNV Bus 45, Haltestelle Bosscherweg Sluis | Tipp Auf der Landzunge zwischen der Zuid-Willemvaart und der Mass nördlich der Schleuse findet man romantische Uferabschnitte vor. Wer Zeit hat oder mit dem Rad unterwegs ist, folgt dem Bosscherweg bis nach Belgien (dort heißt er dann Massdijk) für etwa drei Kilometer bis zum Ende, wo eine sehr extravagante Villa zu sehen ist.

47 Die Henri Jonaslaan

Ein Stein für das Multitalent

Anhand der Straßennamen im Stadtteil Caberg lassen sich kleinere Bildungslücken schließen. Von dem kaum gewürdigten Henri Jonas wird gleich noch die Rede sein, doch zuvor begegnet der interessierte Besucher zwei Stadtarchitekten, von denen sonst nicht oft die Rede ist. Der erste grenzt direkt an Henri Jonas und heißt Gilles Doyen. Er schuf drei der insgesamt acht Bögen der Sint-Servaas-Brücke, die im Zuge der zweiten Renovierung (1683 bis 1716) erneuert wurden – irgendwann läuft man zwangsläufig an ihnen vorbei. Ein Stück weiter fängt Mathias Soiron an. In »seiner« prominenten Militärwachstube am Graanmarkt (Rückseite der Liebfrauenbasilika) ist heute eine Eisdiele. Soiron war nicht nur Architekt, sondern auch Dekorateur und hat einen der Salons im Kasteel Borgharen gestaltet (siehe Seite 116).

Ein Stadtarchitekt, den man hier nicht findet, obwohl er 20 Jahre lang die Restaurationsarbeiten an der Sint-Servaasbasilika leitete, ist Pierre Cuypers. Die Maastrichter mögen ihn nicht. Sein Sohn Joseph hat ihm später ein Denkmal gesetzt, indem er einer Jesusstatue, die auf dem Friedhof am Tongerseweg steht (siehe Seite 16), das Gesicht seines Vaters gab. Aus Groll nehmen die Maastrichter ihren Hut nicht ab, wenn sie daran vorbeigehen.

Henri Jonas war, neben Charles Eyck und Joep Nicolas, ein Mitbegründer der sogenannten Limburger Schule. Ebenso wie seine beiden Weggefährten war er ein sehr vielseitiger Künstler. Neben seiner Tätigkeit als Zeichner und Maler beschäftigte er sich mit der Glaskunst und allerlei Drucktechniken. Der frühe Tod seiner Frau Netteke Roukens und eine unglückliche Affäre mit dem damals berühmten Aktmodell Eugénie Servais lösten möglicherweise die tiefen Depressionen aus, wegen derer Jonas ab 1933 in Behandlung war. Die Zeit bis zu seinem Tod verbrachte er, bis auf kurze Unterbrechungen, in psychiatrischen Einrichtungen. Er starb am 15. September 1944, einen Tag nach der Befreiung Maastrichts.

Adresse Henri Jonaslaan, 6217 Maastricht | **ÖPNV** Bus 9, Haltestelle Clavecymbelstraat/Prestantstraat | **Tipp** Der Grillroom Mosselhuis Ada (Gilles Doyenstraat 24) ist der einzige Imbiss weit und breit und hat in der Regel sehr lange geöffnet.

48 Die Hoeve Hartelstein

Ein totes Pferd namens Joep

Als man Anfang 2014 im Zuge des Grenzmaas-Projektes nahe der Ortschaft Itteren den Grund aufbaggerte, entdeckte man gar Schreckliches. Zur großen Bestürzung der Beteiligten stieß man auf die Skelette von 44 Pferden, die hier begraben worden waren. Noch ist man nicht sicher, warum die Tiere gerade hier das Zeitliche segneten und wann und unter welchen Umständen sie verendeten. Einige der auffallend kleinen Pferde wiesen kreisrunde Löcher im Schädel auf. Das legt zumindest die Vermutung nahe, dass man ihnen den Gnadenschuss gab, weil sie zuvor in einer Schlacht verletzt wurden. 43 der Skelette transportierte man zur näheren Bestimmung nach Leyden. Ein einziges blieb vor Ort und ist in der Kasteelhoeve Hartelstein in einem Glaskasten ausgestellt. »Joep«, wie man es nannte, findet man in einem Hinterzimmer hinter dem Café. Anhand einiger Fotos kann man sich ein Bild vom Hergang der Ausgrabungen machen.

Dass die Kasteelhoeve Hartelstein zu dieser »Attraktion« kommen würde, damit hatte niemand gerechnet. Schon seit 1985 betreibt die Emmausbewegung hier ein soziales Wohn- und Arbeitsprojekt, dem die zusätzliche Aufmerksamkeit sicher guttut. Unterstützen kann man das Projekt auf vielfältige Weise, wie man vor Ort erfährt. Die einfachste Möglichkeit, und gewissermaßen eine Win-win-Situation, ist, den hiesigen Secondhand-Markt zu besuchen. Dass der auch nach 25 Jahren immer noch ein kleiner Geheimtipp ist, ist kaum zu begreifen. In mehreren großen Räumen, und teilweise über Stockwerke hinweg, türmt sich hier Trödel aller Art und ungeahnten Ausmaßes. Ein Eldorado für Schnäppchenjäger. Die Preise sind Verhandlungssache, aber in der Regel sehr vertretbar.

Die Geschichte der Hoeve geht nachweislich bis ins Jahr 1365 zurück. Der Komplex war einmal ein befestigtes Kasteel, in dem unter anderem deutsche Landsknechte und spanische Garnisonen lagerten.

Adresse Hartelstein 204, 6223 HV Maastricht | **ÖPNV** Bus 9, Haltestelle Hartelstein | **Öffnungszeiten** Mi 13–17 Uhr, Sa 10–17 Uhr, So 13–17 Uhr | **Tipp** Eine weitere sehr gute Adresse für Secondhand-Artikel aller Art ist »Kringloop Zuid«, Watermolen 14 (geöffnet Mo 13–17 Uhr, Di–Sa 10–10 Uhr).

49 Die Hoeve Lichtenberg

Mergel, Champignons und Butterlampen

Wo heute nur noch eine Turmruine steht, befand sich einst die Burg Lichtenberg. Ab dem 13. Jahrhundert entstand hier, auf den Fundamenten eines noch deutlich älteren Bergfrieds, eine im Laufe der Zeit mehrfach erweiterte Burg, deren erste Bewohner die Herren von Lichtenberg waren. 1748, damals im Besitz der Grafen Schaesberg aus Düsseldorf, brannte sie ab, und nur ein Turm blieb übrig. Danach wurde auf dem Gelände ein Bauernhof errichtet, von dem das Wohnhaus erhalten ist. Dieses bildet heute zusammen mit einem Torgebäude von 1816 und Stallungen aus dem Jahr 1870 die Hoeve Lichtenberg.

Auch wenn die Turmruine meistens der Grund ist, warum viele den Weg auf die Hoeve Lichtenberg finden, so ist doch das Museum, das sich über mehrere Räume des Hofes erstreckt, das eigentliche Highlight. Zahlreiche Artefakte und Abbildungen dokumentieren das Leben und die Arbeit der Menschen um und vor allem unter dem St. Pieterberg, denn der Mergelabbau im Berg bestimmte über Jahrhunderte die Geschicke der Region. Die mit Liebe gestaltete Dauerausstellung informiert genaustens über die Entstehung der Stollen und deren erste vollständige Vermessung im Jahre 1930 und erklärt, warum nach dem Krieg dort kein Mergel mehr abgebaut, sondern Champignons gezüchtet wurden. Ferner erfährt man, wie die Menschen früher beim Kartoffelkochen viel Energie sparten, warum Oom Rick von seinen Hunden aufgegessen wurde und wie sich aktuell die Population von Dachsen auf dem St. Pietersberg entwickelt.

Betreiber des Museums ist die Stiftung Oud St. Pieter, deren Engagement Maastricht dieses Kleinod zu verdanken hat. Neben dem laufenden Museumsbetrieb und der Organisation von jährlichen Sonderausstellungen und etlichen Sonderveranstaltungen publiziert die Stiftung auch die Zeitschrift »St.-Pieter vroeger en nu« (St. Pieter früher und heute), die zweimal im Jahr erscheint.

Adresse ganz am Ende des Lichtenbergwegs, 6212 NG Maastricht, Tel. 0031/433250974 oder 0031/433215008, www.oudsintpieter.com | **ÖPNV** nicht durch den öffentlichen Nahverkehr erschlossen, Bus 4, Haltestelle Mergelweg St. Pieters, von hier Fußweg | **Öffnungszeiten** Letzter So im April – 1. So im Sept. So 12 – 16.30 Uhr. Die Termine für die historische Bäckerei neben den Hoeven findet man auf der Webseite. | **Tipp** Offiziell endet der Pieterpad, mit 492 Kilometern die längste Fernwanderroute der Niederlande, ganz in der Nähe der Hoeve Lichtenberg, aber natürlich kann man die Strecke auch andersherum laufen und den St. Pietersberg als Startpunkt betrachten.

50 Der Hollister Store

Californication

»Fear No Wave«, steht auf dem T-Shirt, in das der Mann nicht hineinpassen wird, der es sich vor den Bauch hält. Der Surf-Gott schaut sich fragend, und jetzt doch etwas ängstlich, nach der Größe XXL oder wenigstens XL um. Geräuschvoll setzt die Brandung ein und spült ein Schock Halbwüchsiger in den Laden, die herumtanzen wie Wassertropfen auf einer heißen Herdplatte. Als sie verdampft sind, gewinnt Musik die Oberhand, die für Menschen gemacht ist, die ihre Zeit damit verbringen, Segelboot zu fahren, Alkopops zu trinken und für Werbekampagnen fotografiert zu werden. Die Musik wiederholt sich nach einer sehr überschaubaren Anzahl von Takten. »Während enervierende Rhythmen die Ohren erreichen …«, heißt es dazu auf der Webseite des Stores im Entre Deux. Nun ja, dem kann und will man nicht widersprechen. Im Liedtext geht es um Sonne, Wind und Meer.

TV-Wände, die das Interieur punktuell in bläuliches Licht tauchen, zeigen Surfer, die als kleine schwarze Punkte auf behäbigen Wellen treiben. Ab und zu raffen sie sich auf und reiten eine davon. Versteckte Dispenser verströmen an der Schwelle zu jedem Raum einen anderen Duft. An Huntington Beach soll das erinnern, aber »Surf City« ist weit weg, und wer weiß schon, wie es dort riecht. Allerlei Dekoration mit folkloristischem Touch und Produktnamen wie »Destroyed Light Wash« geben jeglicher Authentizität endgültig den Rest.

»Pacific Merchants 1922«. Eine aus der Luft gegriffene Jahreszahl. Die Illusion einer langen und ruhmreichen Tradition. Hollister existiert als Marke von Abercrombie & Fitch seit 2000. Der Mutterkonzern ist wirklich alt. 1892 wurde er als exklusiver Jagd- und Freizeitausrüster gegründet. Die Firma wechselte seitdem mehrfach den Besitzer und ist heute ein börsennotiertes Unternehmen, das in der Vergangenheit des Öfteren wegen fragwürdiger Geschäftspraktiken in die Schlagzeilen geriet.

Adresse Spilstraat 6, 6211 AB Maastricht | **ÖPNV** Busse 3, 4, 9, 10, 34, 150, Haltestelle Markt | **Öffnungszeiten** Mo 12–18 Uhr, Di, Mi, Fr 10–18 Uhr, Do 10–21 Uhr, Sa 10–17 Uhr, So 12–17 Uhr | **Tipp** Direkt am Entre Deux ist die Selexyz Dominicanen, die berühmte Buchhandlung in der Kirche, die auf ihre Art auch ein berauschendes Einkaufserlebnis bietet.

51 Das Hotel de l'Empereur

Nächstenliebe im Spielkasino

Direkt gegenüber dem Hauptbahnhof steht eines der imposantesten Gebäude Maastrichts. Das Grand Hotel de l'Empereur, wie es mit vollem Namen heißt, wirkt, wenn man geflissentlich über einige neuzeitliche Details hinwegsieht, wie die Kulisse des Wes-Anderson-Films »Grand Budapest Hotel«, für die sich der Regisseur von Bauten aus der gleichen Epoche inspirieren ließ.

Zur Zeit der Planung (1901) stand auf der anderen Seite der Stationsstraat bereits ein repräsentatives Bauwerk. Architekt Jaques van Gils hatte die undankbare Aufgabe, seinen Entwurf dem vorhandenen Gebäude anzupassen. Den ihm verbliebenen Spielraum nutzte er jedoch geschickt aus und ließ die Fassade mit allerlei Ornamenten versehen. In Auftrag gegeben wurde das Hotel von keinem Geringeren als Paul August Ernest Bosch, dem Besitzer der Brauerei De Keyzer (siehe Seite 40). Darum ziert auch eine Krone den Turm.

Um das Hotel, das im September 1902 offiziell eröffnet wurde, ranken sich viele Geschichten. Eine davon spielt im Jahr 1905. Nicht zum finanziellen Schaden des damaligen Direktors war das Haus seinerzeit der geheime Treffpunkt der Hautevolee, die dort unter dem Namen »Club de Bienfaisance« (Club der Nächstenliebe) ein illegales Spielkasino betrieb. Dass man damals durch einen zweiten Ausgang direkt in die Gemeinde Meersen flüchten konnte, wo die Maastrichter Polizei keine Befugnisse hatte (siehe auch Seite 26), kam den Spielsüchtigen sehr zupass. Trotzdem wurde 1906 der »Nächstenliebe« durch die Polizei – unter abenteuerlichen Umständen – ein Ende gesetzt, was einige hochgestellte Persönlichkeiten in arge Kalamitäten brachte.

Einige der Säle im Hotel wurden nach Napoleon und seinen Frauen Joséphine und Marie-Louise benannt. Es gilt zwar als unwahrscheinlich, dass mit dem »Empereur« der Franzose gemeint war, die Bezeichnungen hat man aber dennoch beibehalten.

Adresse Stationsstraat 2, 6221 BP Maastricht | ÖPNV alle Busse über Bahnhof, Haltestelle Maastricht, Station | Tipp Gegenüber dem Hotel, Stationsstraat 1, ist das schicke Café Douwe Egberts, an das ein Laden angeschlossen ist, wo man die geschmackvollen Artikel der Marke Douwe Egberts kaufen kann.

52 Das Ipanema

Cappuccino mit LeWitt und Serra

Gut ein Jahrzehnt ist es her, dass ein neues Team das Museumscafé am Bonnefantenmuseum übernommen hat. Auch wenn Anspruch und Wirklichkeit nicht immer zu vereinbaren sind, brachte der Wechsel mächtig frischen Wind in die etwas lahm gelaufene Gastronomie des weltweit bekannten Museums an der Maas. Mit der alten Besetzung ging auch die alte Inneneinrichtung. Maurice Mentjens, der Shootingstar unter den Maastrichter Interior-Designern, hat sich hier seine ersten Meriten verdient und dreht inzwischen ein ganz großes Rad. Fons Haagmans (dann ist Schluss mit dem Namedropping) hat das Untergeschoss des markanten Museumsturmes ausgemalt, das auch zum Ipanema gehört.

Das Café bietet dem Besucher drei Stufen der Glückseligkeit. Erste Stufe: Ermattet vom Durchwandeln des Kulturtempels lässt man sich hier Kaffee und Kuchen oder einen herzhaften Lunch servieren. Zweite Stufe: Bei schönem Wetter genießt man das Ganze auf der Außenterrasse mit grandiosem Blick auf den Fluss. Je nachdem, ob man links oder rechts vom Turm sitzt, der so etwas wie das Wahrzeichen des Museums ist, hat man dabei monumentale Arbeiten von Sol LeWitt oder Richard Serra im Rücken. Man kann sich natürlich auch andersherum setzen und demonstrativ den Kunstkenner heraushängen lassen. Dritte Stufe: Sollte zufällig Freitag sein, macht ein saftiger Burger das Glück komplett, denn Freitag ist traditionell Burger-Tag im Ipanema. Die hausgemachte Köstlichkeit ist unter Kennern Kult, und manche nehmen extra den Weg bis ans gefühlte Ende Maastrichts auf sich, um selbigem zu huldigen.

Da die Öffnungszeiten des Ipanema in etwa denen des Museums entsprechen, muss man in der Regel abends ausweichen. Allerdings gibt es des Öfteren (berüchtigte) öffentliche Partys mit aus Funk und Fernsehen bekannten DJs, die man nicht verpassen sollte. Für private Veranstaltungen kann man das Ipanema mieten.

Adresse Avenue Céramique 250, 6201 BS Maastricht, Eingang am Maaspuntweg (an der Maasseite des Museums) oder durch das Museum | **ÖPNV** Busse 1, 5, 50, 57, 150, Haltestelle Bonnefantenmuseum | **Öffnungszeiten** Di–So 10.30–17.30 Uhr | **Tipp** Eine gute Alternative für abends, aber auch tagsüber zu empfehlen, ist das Café Zuid, keine 5 Minuten vom Ipanema entfernt unterhalb des Plein 1992 (Hausnummer 15).

53 Der Jesuitenberg

Die Brüder in der Badehose

Der sogenannte Jesuitenberg ist kein Berg, sondern eine Mine, und er »teilt« sich ein altes Mergelabbaugebiet unter dem Cannerberg mit einem ehemaligen NATO-Bunker (siehe Seite 160). Anderslautenden Gerüchten zum Trotz gibt es keine Verbindungstür zwischen den beiden Orten. Während im Bunker die Wände weitgehend durch die »Umnutzung« von allen Spuren der Vergangenheit befreit wurden, sind im Jesuitenberg nicht nur die Relikte des Mergelabbaus erhalten geblieben, sondern auch einige hundert Zeichnungen und Reliefs, mit denen es eine besondere Bewandtnis hat. Vom Beginn des 18. Jahrhunderts an wurden in der Mine rund 200 Jahre lang Mergelblöcke geschnitten. Gegen Ende dieser Periode begannen Angehörige des Jesuitenordens damit, den Ort in ein unterirdisches Museum zu verwandeln, wobei sie damals nicht unbedingt an Publikumsverkehr dachten. Im Laufe von weiteren einhundert Jahren entstand so eine einzigartige Sammlung mit Werken von meistenteils beachtlichen Ausmaßen und großer Stilvielfalt.

Dass man sehr nah an der belgischen Grenze ist, merkt man schon an den französischen Begriffen, die die Männer, die hier die Besucher empfangen, ganz selbstverständlich in die Gespräche einfließen lassen. Die Mitglieder der »Stichting Jezuietenberg« betrachten es als ihre Aufgabe und als eine Ehre, das Monument zu erhalten. Für die rein physikalische Seite an der Sache sorgt der Berg. In seinem Inneren herrschen eine unveränderliche Temperatur von elf Grad sowie absolute Dunkelheit und Stille (solange hier niemand herumläuft).

Die Jesuiten betrieben ihre »Untergrundtätigkeit« als Freizeitbeschäftigung und als Ausgleich für die geistig anstrengenden Studien, mit denen sie ansonsten beschäftigt waren. An jedem Mittwoch trafen sie sich im Berg, schlüpften in vergleichsweise leichte Bekleidung (bei 98 Prozent Luftfeuchtigkeit drückt der Orden ein Auge zu) und legten los.

Adresse Cannerweg 800, 6213 ND Maastricht | **ÖPNV** Bus 34, Haltestelle Cannerweg/ Cannerbos | **Öffnungszeiten** Führungen nach Vereinbarung für Gruppen ab 10 Personen täglich möglich. Die Teilnehmer dürfen nicht unter 18 Jahre alt sein. Sonntags und während der Ferienzeit keine Führungen, Anmeldung: Tel. 0031/433213488 (Herr Peter Houben) | **Tipp** Direkt am Cannerweg liegt unterhalb des Jesuitenbergs das Château Neercanne mit seinen phantastischen Terrassen. Essen kann man dort ebenfalls phantastisch, wenn man es sich leisten kann.

54_Die Karl-Marx-Plakette

Falsche Fakten für einen Roten

Zur Erinnerung an den Besuch des Vordenkers des Sozialismus wurde 1983 eine Plakette am Haus Nummer 8–10 in der Bouillonstraat angebracht. Dort soll Marx, laut Inschrift, vom 19. März bis zum 7. April 1865 bei seiner älteren Schwester Sophia logiert haben. Diese hatte 1842 den Niederländer Willem Robert Schmalhausen geheiratet und war nach Maastricht gezogen.

Leider hat man damals nicht sehr genau recherchiert. Der angegebene Zeitraum kann nur annähernd stimmen. Schwerwiegender und in jedem Fall historisch falsch ist jedoch die angegebene Adresse. Einträge im Einwohnerregister belegen, dass Sophia mit ihren Kindern 1863 in die Wolfstraat 2907 (heute Nummer 27) und ein Jahr später in das Haus Markt 1174 (Markt Nummer 1) zog, wo sie bis 1866 wohnte. Wenn Marx 1865 überhaupt bei seiner Schwester übernachtet hat, dann war er sicher nicht in der Bouillonstraat, sondern am Markt!

Als Marx in Maastricht weilte, schrieb er mutmaßlich gerade an seinem Hauptwerk »Das Kapital«. Maastricht befand sich in jener Zeit in der Übergangsphase von einer militärisch dominierten Festungsstadt zur Industriestadt. Die Produktionsstätten des Petrus Regout erlebten ihre erste Blüte. Ob Marx dem Klassenfeind begegnet ist oder ob der Besuch sich auf seine Schriften auswirkte, ist nicht bekannt. Die Größe der Plakette dürfte aber in etwa der Bedeutung entsprechen, den der Aufenthalt für ihn hatte.

Es ist sehr zu vermuten, dass Marx aus rein privaten Gründen nach Maastricht reiste. Sein Wohnsitz war zu jener Zeit London. Seiner Korrespondenz kann man entnehmen, dass ihn seine Nichte Caroline, die Tochter von Sophia, im März 1865 dort besuchte. Marx schreibt, dass er gedenke, sie nach Maastricht zurückzubegleiten. Über das weitere Leben von Sophia Schmalhausen ist nicht viel bekannt. Sie überlebte ihren berühmten Bruder um drei Jahre und starb 1886 in der Nervenheilanstalt in Düren.

Adresse Bouillonstraat 8–10, 6211 LH Maastricht | **ÖPNV** Busse 3, 4, 9, 34, Haltestelle Papenstraat | **Tipp** Anstatt die große Straße (Sint Servaasklooster) in Richtung Sint Servaas zu nehmen, sollte man nach Kanunnikencour Ausschau halten (Treppen hoch und dann

55 Das Kasteel Borgharen

Pussycat und die Provos

Wie gut, dass das Verkaufsangebot für das Kasteel im Internet steht, da kann man, auch ohne Geld in der Tasche, mal ganz unverbindlich reinschauen. Die Interessenten, die kürzlich hier per Heli einflogen, waren vermutlich liquide, aber offenbar nicht kaufwillig. Der momentane Besitzer wartet jedenfalls immer noch auf jemanden, der ihm einen Koffer mit 5,5 Mios vorbeibringt.

Zum Kasteel Borgharen gibt es so viel zu erzählen, dass man kaum weiß, wo man anfangen soll. Zunächst einmal steht es in Borgharen. Eine Toplage, wenn man hier geboren ist und niemals vorhatte wegzuziehen. Lebte man allerdings um das 12., 13. Jahrhundert herum im Kasteel und erhob im Dienste der Herren von Valkenburg Zölle auf der Maas, hatte man bestimmt eine gute Zeit und konnte sich nebenher als Raubritter noch etwas dazuverdienen.

Etwas später, am 12. November 1966, begann hier das »Internationale Provo-Konzil«, zu dem Provos aus den Niederlanden, Belgien und Frankreich anreisten. Sie gaben der internationalen Presse einige Interviews auf Deutsch und gegen Bezahlung und reisten nach zwei Tagen wieder ab.

In den 1970er Jahren wurde ein Tonstudio eingerichtet. Toni, Betty und Marianne Kowalczyk waren um die Zeit angeblich einmal im Kasteel. Bei den Namen klingelt es nicht? Die drei Schwestern aus Limburg, die sich auch »Pussycat« nannten? Wenn man den Worten einer Fleischfachverkäuferin Glauben schenken darf, hat Toni sogar in der örtlichen Metzgerei eingekauft. Eddy Hilberts, der den Pussycat-Hit »Mississippi« produzierte, kann sich allerdings nicht daran erinnern, jemals in Borgharen gewesen zu sein.

Viele kamen und gingen, aber manche konnten sich nie ganz von Borgharen trennen. Die Gebeine von Philibert van Isendoorn à Blois (Wer kennt ihn nicht?) und einigen seiner Verwandten liegen noch immer in der Gruft des Kasteels herum. Wenn das kein Verkaufsargument ist.

Adresse Kasteelstraat 6, 6223 BJ Maastricht | ÖPNV Bus 9, Haltestelle Adam van Harenstraat | Tipp Zwischen Borgharen und Limmel liegt die zwischen 1925 und 1930 erbaute Schleuse Limmel. Sehenswert ist auch das Wehr Borgharen an der Mündung Maas/Julianakanal.

56 Die Kinderboerderij

Eine Kirche im Kuhstall

Der Kinderbauernhof Boerderij Daalhoeve liegt an der ehemaligen Römerstraße zwischen Mosa Trajectum und Atuatuca Tungrorum, respektive Maastricht und Tongeren. Post schickt man noch immer an die Romeinsebaan 200, ins Navigationsgerät gibt man besser Alesiahof 35 ein, um zielsicher vor dem Eingang anzukommen. Der Verlauf der alten Römerstraße ist bekannt und war noch lange im Landschaftsbild zu sehen, auch nachdem hier die neue Siedlung Daalhof entstanden war.

1967 werden dem Gemeinderat Vorschläge für den Bau einer Siedlung am östlichen Rand Maastrichts vorgelegt. Zu dieser Zeit befinden sich zwölf alte Gehöfte auf dem Gebiet, darunter der Zonnenhof, der 1936 errichtet wurde. 1970 wird mit dem Bau von Daalhof begonnen. Elf der zwölf Bauernhöfe müssen weichen. Nur der Zonnenhof, der heute der Kinderbauernhof ist, blieb erhalten. Er ist ein geschlossenes Ensemble mit einem großen Innenhof, an das sich einige eingezäunte Grünflächen anschließen. Dort, wo jetzt ein gemütlicher Gastraum mit Theke und Tischen ist, war früher der Kuhstall. Der fand während des Baus der Siedlung zwei Jahre lang Verwendung als Notkirche, bis ein richtiges Gotteshaus zur Verfügung stand. In der Boerderij Daalhoeve werden Gemüse und Obst aus eigenem Anbau und verschiedene regionale Produkte in einem Hofladen angeboten.

Die Hauptsache aber sind die Tiere, die in zugänglichen Stallungen und auf dem Freigelände gehalten werden. Das gemeine Hausschwein ist hier ebenso zu Hause wie Hasen, diverses Federvieh und exotische Alpakas. Ein Pony und ein Esel dürfen nicht fehlen, und Ziegen gibt es ebenfalls in rauen Mengen. Auf dem Hof, der halb Streichelzoo und halb Bauernhof ist, dürfen Kinder tatkräftig beim Füttern und bei der Pflege der Tiere mithelfen. Der Eintritt ist frei, die belgischen Waffeln und die selbst gemachten Suppen von Paul Toulouse und seiner Frau Anni sind phänomenal!

Adresse Romeinsebaan 200, 6215 SK Maastricht, Tel. 0031/433474786 | **ÖPNV** Busse 5, 6, Haltestelle Planetenhof | **Öffnungszeiten** Di–Fr 10–17 Uhr, Sa, So 12–17 Uhr | **Tipp** Anlässlich der 2.000-Jahr-Feier von Tongeren 1985 hat man ganz in der Nähe (Aureliushof, Ecke Basileahof) eine Skulptur aufgestellt, von der aus man dem Verlauf der alten Römerstraße noch ein Stück zu Fuß folgen kann.

57 Das Kino im E-Werk

Lumière im Kesselhaus und darüber hinaus

Das Kesselhaus, von dem aus man die Sphinx-Werke der Großindustriellen Regout mit Strom versorgte, wurde 1910 gebaut, also ungefähr in der Zeit, als die Brüder Lumière und andere gerade an der Entwicklung des Farbfilms arbeiteten. Neben seiner rein technischen Funktion sollte es auch repräsentativen Charakter haben und wurde zu diesem Zweck mit auffälligen innenarchitektonischen Details versehen.

Die zurzeit noch vorhandenen Kessel stammen aus den 1960er Jahren und müssen aus Platzgründen weichen, wenn hier zukünftig das Restaurant des Lumière-Kinos residiert. Ansonsten bleibt das denkmalgeschützte Gebäude vollständig erhalten. Die imposante Deckenhöhe und die kathedralenartige Fensterfront lassen erahnen, in welch außergewöhnlicher Atmosphäre man hier bald dinieren wird. Im August 2015 soll es so weit sein.

Das »neue« Lumière wird über insgesamt 510 Plätze (160 mehr als zuvor) verfügen, die sich auf sechs Kinosäle aufteilen. Diese werden in Form von Kuben mit äußerer Holzvertäfelung in den Komplex hinter dem Kesselhaus integriert werden und »umgehbar« sein. Der Entwurf sieht vor, dass die betreffenden Gebäudeteile zwar abgerissen, dann aber exakt so wiederaufgebaut werden, wie sie im Original waren, um ihre Silhouette und ihren Charakter zu erhalten. Vor dem Kesselhaus und an der Ostseite, zum Kanal Zuid-Willemsvaart hin, wird es Terrassen mit starker Anbindung an t'Bassin beziehungsweise den Frontenpark geben.

Der Umzug des Lumière wird weit mehr als ein Blow-up sein. Auch inhaltlich soll, neben dem ausgezeichneten Programm, für das das Lumière seit 1985 bekannt ist, noch mehr als bisher um das Thema Film herum passieren. Von Sondervorführungen, Lesungen, Vorträgen und allem, was sich sonst so thematisch andocken lässt und Eventcharakter und kulturellen Mehrwert hat, ist die Rede. Was damit NICHT gemeint ist, sind Popcorn und Cola.

Adresse Boschstraat 5, 6211 AS Maastricht, www.lumiere.nl, bis August 2015: Bogaardenstraat 40b, 6211 SP Maastricht | **ÖPNV** Busse 1, 2, 5, 6, 10, 66, Haltestelle Boschstraat/Maagdendries | **Tipp** Ein Stück die Straße hinunter, in der Boschstraat 55, findet man das »Hotel Trash Deluxe«. Sehr zentral gelegen und dafür immer noch bezahlbar, aber man muss eben Designhotels mögen.

58 Die Koepelkerk

Schindeln auf der »Moschee«

Es mag an der wenig exponierten Lage hinter dem Hauptbahnhof liegen, dass eine der größten Kirchen der Niederlande – bis zu 1.200 Gläubige finden hier Platz – vielfach übersehen wird. Die katholische Heilig Hart van Jezuskerk, kurz Koepelkerk (Kuppelkirche) oder noch kürzer De Koepel (die Kuppel) genannt, stellt jedoch nicht nur aufgrund ihrer Größe eine Besonderheit unter den Maastrichter Kirchen dar. Auffällig ist schon die Form: Ein Zentralbau mit Kuppel auf oktogonalem Grundriss.

Der Bau stammt aus dem Jahr 1921 und zählt zu den frühen Werken der Architekten Alphons Boosten und Jozef Ritzen. Der ursprüngliche Entwurf weist zwei schmale, minarettartige Türme auf, die, zusammen mit dem erwähnten Zentralbau, bei den Zeitgenossen den Eindruck orientalischer Gotteshäuser erweckten. Die Maastrichter Katholiken waren nicht begeistert und brachten ihren Unmut mit dem Spruch »Sie legen Schindeln auf eine Moschee« zum Ausdruck. Die Türme wurden nicht realisiert. Weitere Aufträge für Sakralbauten blieben aus.

Auch ohne »Minarette« erinnert der Bau heute noch an die berühmte Hagia Sophia. Tatsächliches Vorbild war aber Hendrik Petrus Berlages Entwurf für das »Pantheon der Menschheit« von 1915, der, unbeachtet des in Europa tobenden Weltkriegs, im Geiste der Haager Friedenskonferenz von 1899 und den dort eingeforderten Gesellschaftsveränderungen entstand. Für die Gestaltung des Innenraums wurden einige der wichtigsten niederländischen Künstler der Zeit verpflichtet. Den eindrucksvollsten Beitrag leistete Henri Jonas, der 23 monumentale Bleiglasfenster für die Kirche gestaltete.

Die Kuppelkirche, Maastrichts erstes Stahlbetongebäude, gilt heute als architektonisch wegweisend und als Symbol moderner Stadterweiterung. Späte Ehre wurde ihr 2012 zuteil, als sie den Vitaal Betonpreis in der Kategorie »In Würde gealtert« erhielt. Schöner kann man es nicht sagen.

Adresse Heerderweg 3, 6224 JE Maastricht | **ÖPNV** alle Busse über Bahnhof, Haltestelle Maastricht, Station | **Öffnungszeiten** zu den Gottesdiensten, immer So ab 10.30 Uhr | **Tipp** Nachdem Folgeaufträge aufgrund der zwiespältigen Reaktion auf die Kuppelkirche ausblieben, trennten sich Boosten und Ritzen. Während Ritzen seine Karriere in Antwerpen fortsetzte, blieb Boosten in Maastricht. Zwei weitere, beachtliche Bauwerke von ihm sind der Kindergarten der Ursulinerinnen (Capucijnenstraat 118) und die Sint Angelaschule (Scharnerweg 127).

59 Die Kokerei von 1907

Freier Blick auf alte Dame

Die Radium Rubber Fabrik, eine ehemalige Gummifabrik der Bataafsche Rubber Industrie (BRI, später Rubberfabriek Radium) im Stadtteil Bosscherveld, gibt es nicht mehr. Einzig und allein der hohe Schornstein, der stolz den Namen des Unternehmens trägt, steht noch solitär auf dem Abbruchgelände.

In den 1920er und 1930er Jahren begann man hier mit der Herstellung von Fahrradschläuchen, von 1949 an wurde überwiegend Schaumstoff produziert. In den 1960er Jahren arbeiteten bei Radium Rubber um die 1.600 Menschen. Es war einer der ersten niederländischen Betriebe, die Gastarbeiter aus der Türkei eigens anwarben und beschäftigten. Faktisch gehörte die BRI seit 1959 zur damaligen Vredestein-Gruppe.

Als man die Fabrikgebäude vor Kurzem dem Erdboden gleichmachte, ahnte man nicht, dass man damit, ganz nebenbei, eine neue Sehenswürdigkeit freilegen würde. Erstmalig kam wieder zum Vorschein, was seit 1932 im Schatten der Gummifabrik verborgen gewesen war: die Kokerei von 1907. Sie gilt als das älteste erhaltene Industriegebäude in Maastricht und als eines der ersten Stahlbetongebäude in den Niederlanden. Genau wie der verbliebene Schornstein der Radium Rubber Fabrik steht es unter Denkmalschutz. Von der Inbetriebnahme im Jahre 1912 an wurde hier lediglich bis 1930 produziert, denn die Kokerei gehörte zu einer relativ kleinen und deshalb unrentablen Gasfabrik. Das Gebäude wurde von der BRI übernommen, die 1932 die Gummifabrik auf dem Gelände baute, und diente zeitweise als Produktionsstätte und als Lager. Ab den 1970er Jahren stand es überwiegend leer.

Nach der Schließung der Gummifabrik nutzten Stadtindianer und Obdachlose die Gebäude. Jetzt, wo der Blick auf die Kokerei frei ist, tummeln sich zu manchen Zeiten etliche Neugierige am Bauzaun, um ein Foto von der gleichzeitig majestätischen und morbiden Schönheit zu machen.

Adresse Cabergerweg, 6219 PE Maastricht, die Brache ist nicht zu übersehen und beginnt etwa bei Hausnummer 45 | **ÖPNV** Busse 1, 2, 5, 6, 9, 66, Haltestelle Frontensingel/ Maagdendries | **Tipp** Ziemlich nah an das Gebäude kommt man heran, wenn man sich ihm von hinten über den Parkplatz der Rubber Resources B.V. (Schoenerweg) nähert. Auf deren Betriebsgelände befindet sich auch der alte Gasometer, der interessant anzusehen ist und im Zuge der Spinx-Quartier-Pläne (siehe Seite 32) wiederbelebt werden wird (bitte jemanden fragen, bevor man auf das Gelände läuft).

60_Die Kollektion Giensch

»Do the right thing«

Nichts gegen Rothenburg ob der Tauber, aber als 16-Jährige möchte man dort nicht tot über dem Zaun hängen, und das schon gar nicht, wenn man auch noch in einem Dorf zehn Kilometer von der mittelfränkischen »Metropole« entfernt wohnt. Also zog Mirjam Giensch in die weite Welt, will sagen quer durch die Niederlande, studierte an der Freien Akademie in Den Haag Foto, Film, Theater, Mode und Bildhauerei und blieb schließlich bei der Mode hängen. Erste Versuche als Modedesignerin folgten, Trips per Anhalter mit drei oder vier Koffern nach Berlin, um Sachen auf Märkten zu verkaufen, und wieder zurück; ein unstetes Leben.

Das ging 20 Jahre so, bis sie ihre Tochter bekam und sesshaft wurde. Ihren ersten Laden eröffnete sie in Enschede, den zweiten vor rund 25 Jahren in Maastricht, und vor acht Jahren kam einer in Utrecht dazu.

Mirjam steht nicht täglich im Laden, aber wenn, dann ist sie voll da! Sie verkauft Secondhand-Ware und vertreibt Mode von kleinen Labels sowie eine eigene Kollektion. Die Vintage-Stoffe für diese Kollektion hat sie im Laufe der Jahre gesammelt. Ihr Kapital, wie sie sagt. Die Labels müssen ihren Ansprüchen genügen und im Idealfall nach Fair-Trade-Prinzipien produzieren. »Ato« aus Berlin gehört dazu, ebenso der Londoner Designer Ben Sherman, der seit 1963 im Geschäft ist, und »Chenaski« aus Wesel, der jünger ist, aber die 70er liebt.

»In den gebrauchten Sachen soll der Kunde noch mal zehn oder 15 Jahre rumlaufen«, sagt Mirjam. Auch für Ausgefallenes zahlt man hier keine Designerpreise, aber Flohmarktpreise gibt es auch nicht. Wichtig ist, dass jeder das Passende findet, vielleicht sogar seinen Typ entdeckt und den Laden zufrieden verlässt. Manche tanzen regelrecht aus dem Geschäft. Erfolgskonzept, ohne Buzzwords zu benutzen? – Einfach das einzig Richtige tun, damit liegt man logischerweise nie falsch. Haben nur viele vergessen.

Adresse Achter het Vleeshuis 19, 6211 GR Maastricht, Tel. 0031/433250281 | **ÖPNV** Busse 4, 150, Haltestelle Hondstraat | **Öffnungszeiten** Mo 12–19 Uhr, Di, Mi, Fr 11–19 Uhr, Do 11–21 Uhr, Fr 11–19 Uhr, Sa 10–18 Uhr | **Tipp** Ein anderes Geschäft mit »Charakter« und nicht sehr weit weg ist »La Passionara« in der Bredestraat 30. Dort gibt es ausschließlich Hüte, und zwar in einer Opulenz, dass man Angst hat, dass das Schaufenster jeden Moment explodiert.

61_Das Landhuis

Die offene Universität für Nachhaltigkeit

Von der Veranda des Landhuis aus schaut man auf das Landbouwbelang, kurz LBB, das selbst ernannte »Cultural-Freezone-Kollektiv«. Gerade noch hat es in Strömen geregnet, jetzt bricht die Abendsonne durch die Wolken und taucht die mehrstöckige Fassade des LBB in ein tiefes Orange. Sie nennen es, auch aufgrund seiner schieren Größe, das Mutterschiff. Ohne das LBB würde es das Landhuis nicht geben. Dieses wiederum nimmt sich vergleichsweise bescheiden aus. Das Haus hat zwei Stockwerke, die in Eigenarbeit restauriert wurden und die zusammen mit der später hinzugefügten Veranda ein multifunktionales Bauwerk bilden. Eine Bar, zwei Gemeinschaftsräume und eine Küche finden hier Platz. Im »Treppenhaus« sieht man noch den ursprünglichen Zustand.

Seit 2011 treffen sich hier im kleinen Ableger des LBB Menschen unterschiedlicher Generationen und mit unterschiedlichem gesellschaftlichen Hintergrund. Man denkt gemeinsam über alternative Lebensweisen nach, tauscht Ideen aus. Es gibt ein Repair-Café und regelmäßig Abende, an denen gemeinsam gekocht und anschließend gegessen wird. Auch am Haus ist immer etwas zu erneuern oder zu verbessern, und wer dabei helfen will, ist willkommen. Die offene Haltung Interessierten gegenüber und der freundliche Umgang, der hier gepflegt wird, haben dem Landhuis den Ruf eingetragen, das »Wohnzimmer« des LBB zu sein.

Das LBB, ehemals im Besitz einer Genossenschaft für landwirtschaftlichen Bedarf, dann der »Sappi« Papierfabrik und schließlich der Gemeinde Maastricht, wurde bereits 2002 besetzt. Es entstanden Wohnungen, Veranstaltungsräume, Arbeitsräume sozial engagierter Unternehmen und eine vegan/vegetarische Volksküche. Im Laufe der Jahre gab es immer wieder Versuche seitens der Stadt, das LBB zu räumen. Momentan sieht es jedoch so aus, als würden Politiker und Aktivisten ein dauerhaft einvernehmliches Verhältnis anstreben.

Adresse Maasmolendijk 24, 6211 JW Maastricht, http://hetlandhuis.org | ÖPNV Busse 1 bis 6, 8, 9, 10, 53, 66, Haltestelle Mosae Forum/Centrum | Öffnungszeiten unregelmäßig geöffnet, die konkreten Veranstaltungstermine erfährt man über die Webseite | Tipp Unbedingt einmal am Maasufer hinter dem LBB entlanglaufen und sich die Rückseite des Gebäudes ansehen, wo alte Industriekultur und neue Streetart eine eigentümliche Verbindung eingehen.

62 LastPort Tattoo Parlor

Nicht jedermanns Liebling

»Der letzte Hafen«. Schon der Name hat etwas düster Prophetisches und klingt nach Seelenverkäufern, die verwahrloste Matrosen auf die Kais malariaverseuchter Hafenstädte spucken. Wandelnde Tagebücher zur See, die sich ihre Überzeugung oder den Namen der einen, der Einzigen, im Hinterzimmer einer Spelunke in die Haut meißeln lassen, bevor der Schnaps oder die Syphilis sie hinwegraffen. Tattoo-Studios hatten früher etwas Verruchtes, und das sollten sie, verdammt noch mal, heute auch noch haben!

Im LastPort Tattoo Parlor wird viel geflucht und gelacht, und man kommt schnell auf das Thema Tradition. Gestochen werden die Bildchen schon seit Menschengedenken, aber was unsere Vorstellung von ihnen am meisten geprägt hat, sind die Seefahrer, die Bilder aus der ganzen Welt am Leib trugen, wüste Südseeträume seelisch verkrüppelter Marines und all die Biker, Outlaws und Rock-'n'-Roll-Schiffbrüchigen der wilden Jahrzehnte der USA, die zur Blaupause für den Rebel- und Custom-Kult wurden. Im LastPort ist Geschichte ein Teil der Identifikation mit dem Beruf. Hier hat jeder, der das Geschäft seit 1991 als Inhaber geführt hat, auf der Arbeit seiner Vorgänger aufgebaut und trägt die Fackel unbeeindruckt von kurzlebigen Trends weiter.

Das alles hat mit der Supermarktkassiererin von nebenan nicht viel zu tun, die sich ihren Hamster, bis aufs Haar genau, auf den Unterarm tätowieren lässt. In 20 Jahren wird man nicht mehr viel davon erkennen. Die Haut lebt, dehnt sich, zieht sich wieder zusammen. Die feinen Linien laufen zu, und Cleo, Peaches oder Percy (Quelle: hamsterboard.de) wird ein schöner, großer schwarzer Fleck sein.

Im »letzten Hafen« wäre sie besser beraten worden. Oder weggeschickt, denn jedermanns Liebling sein, das will man schon aus Verantwortung gegenüber den Kunden nicht. Dein erstes Tattoo? Faustgroß? Am Hals? Ein Hamster? Überleg es dir lieber noch mal.

Adresse Brusselsestraat 29, 6211 PB Maastricht, Tel. 0031/433212185 | ÖPNV Busse 3, 10, 34, Haltestelle Kommel, oder Busse 3, 4, 9, 34, Haltestelle Vrijthof | Öffnungszeiten Mo–Fr 12–20 Uhr, Sa 12–18 Uhr | Tipp Fast gegenüber, Brusselsestraat 6, ist der Babashop, wo eindeutig die Farbe Schwarz dominiert. Dort bekommt man gegebenenfalls das passende Outfit zum Tattoo.

63 Der Lawrence Weiner

Das bestbewachte Kunstwerk in Maastricht

»Federal Courthouse Sint Annadal, Maastricht, Netherlands«. So steht es schwarz auf weiß im Curriculum Vitae von Lawrence Weiner im Absatz »Öffentliche Sammlungen« auf der Webseite der Lisson Gallery (London, New York, Milan, Singapur). Quod erat demonstrandum! Es gibt sie also doch in Maastricht, die Arbeit eines der frühesten Vertreter der Konzeptkunst. Man muss sie nur finden.

Wer sich keines Vergehens schuldig gemacht hat, geht üblicherweise nicht in das Gerichtsgebäude, das früher ein Krankenhaus war. Man kann dort auch nicht einfach hineinspazieren. Da man sich bei der Eingangskontrolle per se verdächtig macht, wenn man nach einem Kunstwerk fragt, das nur aus Worten besteht, muss man sich etwas einfallen lassen. Am besten gibt man vor, sich für die monatliche Wechselausstellung zu interessieren, die man in der zentralen Halle findet, wo auch die Arbeit von Weiner zu sehen ist.

Weiner hat ein Virgil-Zitat im Zickzack in der Originalsprache und der niederländischen Übersetzung in den Boden der Halle gravieren lassen, wobei man bei der gegebenen Größe wohl eher nicht von einer Gravur spricht. »Si parva licet componere magnis«, steht dort geschrieben: »Wenn man Kleines mit Großem vergleichen darf«. Das Zitat stammt aus dem Lehrgedicht Georgica, in dem sich der Dichter im vierten Buch mit der Rechtsordnung beschäftigt und diese mit den Gesetzen eines Bienenstaats vergleicht.

Lawrence Weiner wurde 1942 in der Bronx geboren und arbeitet und wohnt heute im West Village in New York. Sein Buch »Statements« (1968) gilt als eines der bedeutendsten Werke zur Konzeptkunst. Er nahm viermal an der documenta in Kassel teil, seine Werke wurden in Einzel- und Gruppenausstellungen rund um den Globus und in allen namhaften Museen für zeitgenössische Kunst gezeigt (unter anderem mehrfach im Bonnefantenmuseum). Er wird international von neun Galerien vertreten.

Adresse St. Annadal 1, 6214 PA Maastricht | ÖPNV Busse 1, 2, 5, 6, Haltestelle Regia/Sint Annadal | Öffnungszeiten Mo–Fr 8.30–17 Uhr | Tipp Auf zur fröhlichen Kunst-Schnitzeljagd! Weniger gut bewacht, aber trotzdem schwer zu finden: die vier Stelen am Maasboulevard (Christian Megert, 1985, versetzt 2006), der »Pfosten« in der Vijfharingenstraat (Gerard Schoffelen, 1955) und das kubische Kreuz an der Jan van Eyck Academie (Graatsma/Slothouber, 1986).

64_Lichtstroom

Licht, Strom und Voodoo dazu

Lichtstroom ist kein Maastrichter Idiom, sondern eine Wortschöpfung, die präzise beschreibt, worum es bei dem kleinen Elektrogeschäft geht. Klein ist allerdings relativ. Da hier im Verkaufsraum und in zwei Magazinen jeder Quadratzentimeter ausgenutzt wird, kommt man beim Nachzählen immerhin auf etwa 10.000 Artikel. Zumindest die Auswahl ist also ziemlich groß.

Vater Fred Ameling eröffnete das Geschäft 1944 und war einer der Ersten in den Niederlanden, der Leuchtstoffröhren verkaufte. Obwohl seine Söhne Dick und Fred junior das Geschäft längst übernommen hatten, arbeitete er noch bis zum letzten Tag seines Lebens im Jahr 2001 im Laden mit.

Die Brüder teilen sich heute die Arbeit, und der einzige Angestellte gehört nach 20 Jahren so gut wie zur Familie. Familiär geht es in jeder Hinsicht zu. Wer hier einkauft, dessen Eltern waren in der Regel schon Stammkunden. André Rieu zum Beispiel kommt öfter vorbei, und auch seiner Frau Mutter wurde hier schon in elektrotechnischer Hinsicht geholfen. Die (wahre) Geschichte geht so: Im Hause Rieu kam es beim Staubsaugen immer mal wieder zu statischen Auf- und Entladungen, die Frau Rieu als störend empfand. Ameling senior löste das Problem mit Hilfe eines Metalldrahtes, den sie fortan beim Hausputz hinter sich herzog, was sie gewissermaßen »erdete«.

Im Fall Rieu könnte Psychologie eine wesentliche Rolle gespielt haben, aber generell wird bei Lichtstroom gerne repariert, was defekt ist, statt die Dinge wegzuwerfen. Dafür gibt es eine Werkstatt, und die Kunden schätzen den Service sehr. Besonders bekannt ist Lichtstroom indes für seine Auswahl an »herkömmlichen« Glühbirnen. Noch gibt es sie hier in (fast) allen Größen und Ausführungen. Wer sich also jetzt noch damit eindecken will, sollte bei Lichtstroom vorbeischauen. Wenn Zeit ist, gibt es noch die ein oder andere schöne Geschichte gratis dazu.

Adresse Wolfstraat 24, 6211 GN Maastrich, Tel. 0031/433213369 | **ÖPNV** Busse 4, 150, Haltestelle Hondstraat | **Öffnungszeiten** Mo 13–18 Uhr, Di–Fr 9.30–18 Uhr, Sa 9.30–17 Uhr | **Tipp** Die Kaffeerösterei Blanche Dael, die, so sagen viele, den besten Kaffee der Stadt macht, ist quasi nebenan (Wolfstraat 28).

65 Die Linie van Du Moulin

Das Runde wird zum Eckigen

Ende des 16. Jahrhunderts wurde mit dem Bau des äußeren Verteidigungsrings um Maastricht begonnen. Weit vor der Stadtmauer legte man ihn an, denn das Ziel war, die feindlichen Kanonen auf Abstand zu halten. Da man in der Vergangenheit die Erfahrung gemacht hatte, dass sich runde Türme zur Verteidigung nur bedingt eignen (wegen des toten Winkels), versuchte man es diesmal mit eckigen. Besser war das.

Das Verdienst des Niederländers Carel Diederick du Moulin war die Modernisierung des westlichen Verteidigungsabschnitts in den Jahren 1772 bis 1777. Innerhalb dieser Zeit ließ er auch die Bastionen Stadhouder, Erfprins, Saxen, Holsteyn und Prins Frederik anlegen, die nur noch teilweise erhalten sind. Die Bezeichnung »Linie van Du Moulin« bezieht sich auf einen Teil der Hoge Fronten, jenen Abschnitt des Verteidigungsrings, der zu hoch lag, um seine Gräben im Angriffsfall zu fluten.

Das Verteidigungswerk in seiner Gesamtheit war übrigens eine echte europäische Gemeinschaftsarbeit, an der nicht nur die Niederländer gearbeitet haben, sondern auch die Franzosen, Spanier und Österreicher, kurzum alle, die die Stadt jemals »besucht« haben. Einen wesentlichen Anteil hatte der geniale Festungsbauer Vauban, der unter Ludwig XIV. diente und ein Weggefährte d'Artagnans war. Er setzte seine Kenntnisse nicht nur bei der Eroberung der Stadt im Jahre 1673 ein, sondern auch bei der Verbesserung des Verteidigungsrings.

1678 zogen die Franzosen, und mit ihnen Vauban, wieder ab. Hätte er mehr Zeit gehabt, wäre er den Niederländern sicher zuvorgekommen, die erst zwischen 1701 und 1702 das Fort auf dem Sint Pietersberg bauten. Vom Berg aus hatte Vauban die Stadt mit Kanonen beschießen lassen und schnell erkannt, dass dies im Verteidigungsfall eine wichtige Anhöhe war. Die Franzosen benutzten übrigens Kanonen aus Delft, um Maastricht unter Feuer zu nehmen – die besten, die man damals für Geld bekam.

Adresse entlang des Statensingels, der Eingang für Führungen ist am Cabergerweg, 6217 SC Maastricht und dort ausgeschildert | **ÖPNV** Busse 1, 2, 5, 6, 9, 66, Haltestelle Frontensingel/Maagdendries | **Öffnungszeiten** Führungen: Sa 10.30 Uhr, im Juli und im August auch Di und Do 10.30 Uhr; Anmeldung über den VVV (Fremdenverkehrsverein) oder 10 Minuten vor Beginn erscheinen; individuelle Termine für Gruppen ab 10 Personen über www.maastrichtvestingstad.nl | **Tipp** Der Verein Maastricht Vestingstad bietet noch viele weitere Führungen an, die sich mit der Militärgeschichte der Stadt befassen (siehe Webseite unter Öffnungszeiten).

66_Die Lourdesgrotte

Ave Maria

Marie-Bernarde Soubirous, Tochter eines trunksüchtigen Müllers, wurde von allen nur Bernadette genannt. Als ihr die Jungfrau Maria am 11. Februar 1858 zum ersten Mal in Lourdes erschien, war sie 14 Jahre alt. Die Legende sagt, dass sie ein reines Wesen hatte und ein wenig einfältig war. Zwei Dinge, die mitunter gut zusammengehen. Maria soll ihr danach noch ganze 17-mal erschienen sein. Die Daten hat man hier, in der ältesten bekannten Lourdesgrotte der Niederlande, in Marmor gemeißelt.

»Du sollst nicht an diesem Ort vorbeigehen, ohne ein Ave für mich zu sprechen«, steht über der Eingangstür, die in eine kleine Kapelle führt. Kapelle und Grotte liegen hinter der Mauer des Anwesens der Villa Maaszicht und sind für jedermann zugänglich. Das Ensemble wurde vom Maastrichter Tapetenfabrikanten André Claerenboets im Jahre 1874 in Auftrag gegeben. 1880 wurde es fertiggestellt. Das Haus, das die vier unverheirateten Töchter des Witwers vornehmlich als Sommerfrische nutzten, hatte er bereits 1871 gekauft. Eine Reise nach Paray-le-Monial und Lourdes, die Claerenboets 1873 unternahm, inspirierte ihn schließlich zum Bau der Grotte.

Selbstverständlich gibt es eine Maria-Statue, und auch die kleine Bernadette ist zu sehen. Die Szene wird von einer künstlich angelegten Grotte aus Feuerstein umrahmt, die jeglichen Realismus entbehrt, was möglicherweise daran liegt, dass Belgier am Bau beteiligt waren. Kitsch scheint jedoch ganz allgemein mit der Marienverehrung untrennbar verbunden zu sein. Aufrichtiger Gläubigkeit tut dies aber keinen Abbruch, wie zahlreiche Bitt- und Danktafeln, mit denen sich Notleidende und Kranke bis in die jüngste Vergangenheit an die Heilige Jungfrau wenden, beweisen. Trotz des in Maastricht allgegenwärtigen Maria-Kultes ist die Lourdesgrotte ein recht beschaulicher Ort geblieben, der von den meisten Touristen übersehen wird.

Adresse Ursulinenweg 3, 6212 NC Maastricht | ÖPNV Bus 4, Haltestelle Mergelweg Sint Pieters, von hier längerer Fußweg | Öffnungszeiten tagsüber immer zugänglich | Tipp Weniger beschaulich als in der Lourdesgrotte geht es ein Stück weiter die Straße hinauf zu. Dort stellen sich schnatternde Touristen auf die Zehenspitzen, um einen Blick auf das Haus von André Rieu zu erhaschen.

67 Das Mahnmal

Im Gedenken an die ermordeten Widerstandskämpfer

Es klingt seltsam, aber den Niederländern fehlte 1940 die Erfahrung mit dem von innen organisierten Kampf gegen einen Usurpator. Im Ersten Weltkrieg, in dem Belgier und Franzosen bereits den Widerstand »probten«, waren sie neutral.

So begann der Widerstand in den Niederlanden, auch in Maastricht, mit Einzelaktionen wie der vom 11. Mai 1940. Deutsche eskortierten belgische Kriegsgefangene zum Bahnhof. Zwei mutige Maastrichter fingierten einen Streit und zogen die Aufmerksamkeit der Bewacher auf sich, was etlichen Belgiern ermöglichte zu entkommen.

1941 formierte sich der Widerstand in Maastricht in zwei Gruppen, der RAF-Gruppe und der Gruppe-S. Zu Beginn des Krieges organisierte man vor allem die Flucht von Belgiern und Franzosen, die aus deutschen Gefangenenlagern entkommen waren. Später waren es vielmals englische und amerikanische Piloten, deren Maschinen über den Niederlanden abgeschossen worden waren, die man versteckte und dann, teilweise durch die Grotten am Sint Pietersberg, nach Belgien »schmuggelte«.

Der Student Jaap Sickenga trat schon früh in den Widerstand ein. Mit einem Sender, den die Engländer abgeworfen hatten und der von einem Freund geborgen worden war, übermittelte er Berichte nach London.

Am 31. August 1941 wurden beide von der Gestapo verhaftet und in Scheveningen inhaftiert. Im März 1942 überführte man Sickenga und 25 weitere Personen nach Maastricht, wo man 24 von ihnen der Spionage anklagte. Sie wurden am 11. Mai 1942 in Sachsenhausen erschossen, woran das Mahnmal erinnert. Der Abschiedsbrief, den Jaap Sickenga am Abend vor seiner Hinrichtung schrieb, ist ein bewegendes Dokument der Menschlichkeit. Über seine Bewacher schreibt er dort den auf Deutsch formulierten Satz: »Sie sind keine Verbrecher.«

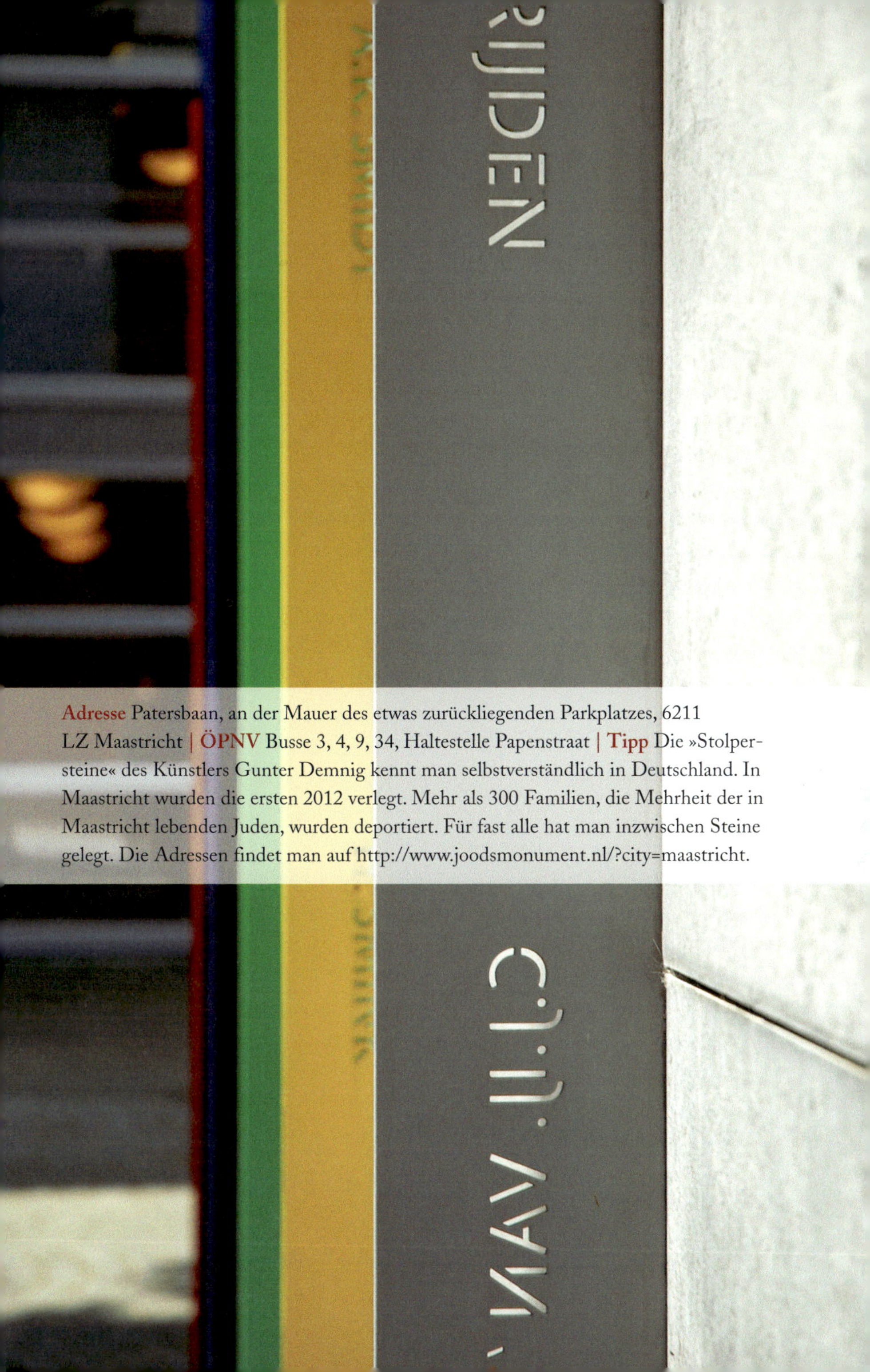

Adresse Patersbaan, an der Mauer des etwas zurückliegenden Parkplatzes, 6211 LZ Maastricht | **ÖPNV** Busse 3, 4, 9, 34, Haltestelle Papenstraat | **Tipp** Die »Stolpersteine« des Künstlers Gunter Demnig kennt man selbstverständlich in Deutschland. In Maastricht wurden die ersten 2012 verlegt. Mehr als 300 Familien, die Mehrheit der in Maastricht lebenden Juden, wurden deportiert. Für fast alle hat man inzwischen Steine gelegt. Die Adressen findet man auf http://www.joodsmonument.nl/?city=maastricht.

68_Das Mayfair

Very british indeed

Karomuster und Tweed kommen einem zuerst in den Sinn, wenn man an britische Herrenmode denkt, vulkanisiertes Gummi eher nicht. Vulkanisiertes Gummi? Ganz recht. Das schottische Label Hancock verwendet das Material, um seine Regenmäntel zu imprägnieren. Benannt ist die Firma nach dem Erfinder und Begründer der englischen Gummi-Industrie, Thomas Hancock, der acht Wochen vor Charles Goodyear ein Verfahren für die Vulkanisierung von Gummi als Patent anmeldete. »Der Geruch geht nicht raus, und das muss auch so sein«, sagt Philippe, der die Geschichte von Hancock gerne erzählt. »Man trägt auch eine Story, wenn man bei uns einkauft.«

Philippe gründete das Geschäft 2011 zusammen mit seiner Lebensgefährtin Debora. Er mit viel Erfahrung als Verkäufer in der Branche, sie Schneidermeisterin. Einerseits ist Mayfair ein klassischer Herrenausstatter, andererseits ein Atelier. Wer möchte, kann sich hier auch einen Anzug ganz individuell schneidern lassen. Doch auch die fertigen Kleidungsstücke werden in 99 Prozent aller Fälle überarbeitet und auf Maß gebracht. Das ist bei den Preisen, die man hier zahlt, üblich und kostet nichts extra.

Philippe schlägt eines von mehreren hundert Stoffmusterbüchern auf. Er spricht von Tradition und Innovation. Beides geht hier gut zusammen. Die aktuelle Bademode von Orlebar Brown etwa ist ganz modern geschnitten und erinnert dennoch verteufelt an Sean Connery in »007 jagt Dr. No«. Von Barbour gibt es bei Mayfair einen Mantel, der auf ein Modell von 1900 zurückgeht, das damals von Fischern getragen wurde. Das junge Label kooperiert mit dem Traditionsunternehmen Norton & Sons, das auf der Savile Row sitzt, wo das Herz des Londoner Schneiderhandwerks schlägt. Noch so eine Geschichte. Und dann gibt es auch noch die von John Smedley, feinste Stoffe seit 1784, und die von Inis Meáin auf den Aran-Inseln … Sind wir noch in Maastricht?

Adresse Stationsstraat 20, 6221 BP Maastricht, Tel. 0031/433216610 | **ÖPNV** alle Busse über Bahnhof, Haltestelle Maastricht, Station | **Öffnungszeiten** Di, Mi, Fr 9.30–18 Uhr, Do 9.30–21, Sa 9.30–17 Uhr, So 12–17 Uhr | **Tipp** Wem das alles zu distinguiert ist, der probiert es mit dem John Mullins Irish Pub in der Wycker Brugstraat 50 – so ziemlich das Gegenteil von britischer Zurückhaltung.

69 Das Midgetgolf

18-mal einlochen am Pfannkuchenhaus

Der Minigolfplatz unterhalb des Fort St. Pieter wirkt wie eines der klassischen Ausflugsziele, die für die Nachkriegsgeneration die maximale Erfüllung an einem Sonntagnachmittag bedeuteten. Nicht dass hier die Zeit stehen geblieben wäre. Die 18 Bahnen wurden erst vor Kurzem überholt und sind in Top-Zustand. Dass die Besitzer des Platzes und des dazugehörigen Eeetcafé & Pannenkoekenhuis in eine Freizeitanlage investieren, die viele von uns nur von alten Fotos kennen, macht wirtschaftlich durchaus Sinn. Schließlich geht es hier im Grunde um Entschleunigung, und die funktioniert heute noch genauso wie zu Beginn des 20. Jahrhunderts, als das Minigolf in England erfunden wurde.

In der Regel sucht der Gast hier Entspannung und verbindet beim »Golfmenü« (Drei-Gänge-Menü mit Golfspiel) das Sportliche mit dem Kulinarischen. Manchmal kommen aber auch Menschen, die Minigolf turniermäßig betreiben (ja, auch das gibt es) und die die Maastrichter Bahnen einmal spielen wollen. Für die, denen Minigolf per se zu proletarisch ist, gibt es eine Boule-Bahn, auf der früher sogar Meisterschaften gespielt wurden. Der Panoramablick über die Maas ist für alle gleich, und es bedarf keines Savoir-vivre, um sich daran zu erfreuen. Randnotiz für alle mit historischem Interesse: Nebenan übt der älteste Bogenschützenverein der Niederlande, gegründet 1408.

Momentan stört sich noch niemand an dem Begriff Midgetgolf, also »Zwergengolf«, obwohl sich die Niederländer – wie die Deutschen, die gerade das »Zigeunerschnitzel« von den Speisekarten streichen – sprachlich auf die politisch korrekte Linie bringen. »Negerzoen« (Negerküsse) zum Beispiel heißen inzwischen offiziell »schuimzoen« (Schaumküsse) oder »choco(lade)zoen«. Im Dreiländereck tanzen nur die Nordbelgier, bekannt für ihre »Direktheit«, aus der Reihe. Dort heißt der Schaumkuss weiterhin »Negerinnentet«. Übersetzung überflüssig, oder?

Adresse Luikerweg 78, 6212 NH Maastricht, Tel. 0031/433211729 | **ÖPNV** Bus 4, Haltestelle Mergelweg Sint Pieters, von dort aus den Luikerweg nehmen | **Öffnungszeiten** täglich ab 11 Uhr, Küche bis 19 Uhr, am Wochenende bis 20 Uhr | **Tipp** Das berühmte Fort St. Pieter, oberhalb des »Golfplatzes« gelegen, sollte man sich ansehen. Führungen kann man über die sehr empfehlenswerte Webseite www.maastrichtunderground.nl des VVV (Fremdenverkehrsverein) buchen.

70 Der Misericordeplein

Das älteste Haus von Maastricht?

Der Misericordeplein und die dortige Wohnbebauung bestehen seit 1989. Den Platz hat der Lütticher Architekt Bruno Albert entworfen. Dass das weite Halbrund mit den Stufen an Ränge erinnert, kommt nicht von ungefähr. Der Ort war für Theatervorführungen vorgesehen, wofür er gelegentlich auch genutzt wurde.

Das große Geheimnis am Misericordeplein ist ein kleines weißes Haus, das an einem Mauerrest »klebt«. Man kann es bauhistorisch beschreiben, aber seine ursprüngliche Funktion ist nicht bekannt. Da es ungefähr dort steht, wo zwischen Bogaardenstraat, Maagdendreis und Capucijnenstraat einmal ein Armenfriedhof lag, vermutet man, dass es vom Friedhofswärter bewohnt wurde. Da sich aber selbst der »Monumentengids Maastricht«, die Bibel der Stadthistoriker, nicht eindeutig dazu äußert, weiß man es einfach nicht genau.

Sicher ist, dass es aus dem 17. Jahrhundert stammt und an die Mauer eines ehemaligen Kapuzinerklosters gebaut ist, von dem nur noch Reste vorhanden sind. Die ungefähre Altersbestimmung beantwortet die Frage, ob es das älteste Haus in Maastricht ist, wie manche behaupten: Ist es nicht. In der Van Hasseltkade steht ein Wohnhaus von 1589. Und auch das Dinghuis (ehemaliger Gerichtssitz und heute Sitz des Fremdenverkehrsvereins) und das »Spanische Regierungsgebäude« am Vrijthof sind deutlich älter, denn beide wurden zwischen dem 15. und 16. Jahrhundert gebaut.

Um auf die Nutzung des Platzes als Theaterbühne zurückzukommen: Die Akustik dort ist phantastisch, aber vielleicht waren die Anwohner von der Sache an sich nicht begeistert. Schade, denn die Idee, hier die Commedia dell'arte wiederauferstehen zu lassen, hat einen gewissen Charme. Das würde auch viel besser zum kleinen Haus am Misericordeplein passen als die Blumenkübel, die dort von der Gemeinde, vermutlich aus purer Langeweile oder um Skater zu vergraulen, aufgestellt wurden.

Adresse Misericordeplein, 6211 XK Maastricht | ÖPNV Busse 1, 2, 5, 6, 8, 9, 53, 66, Haltestelle Boschstraat/Markt | Tipp Die Maastrichter Synagoge liegt nicht weit entfernt, Capucijnengang 2. Sie wurde 1839/40 erbaut und überstand den Krieg relativ unbeschadet, große Teile des Inventars wurden jedoch zerstört. In den 1960er Jahren wurde das Gebäude restauriert. Sehr sehenswert, wenn auch nur von außen zu besichtigen.

71 Mode Kiki Niesten

Der Unterschied macht den Unterschied

Es gibt Frauen, die bei Kiki Niesten einkaufen, und es gibt »Kiki-Niesten-Frauen«. Letztere tragen Karohemden mit der gleichen Selbstverständlichkeit wie den Gegenwert einer Einbauküche in Form eines Aspesi-Mäntelchens. Also bitte keine falsche Scham. Wer authentisch ist, wird hier keinesfalls schräg angeschaut, auch wenn das Äußere nicht auf eine größere Investition schließen lässt.

Kiki Niesten selbst kommt ursprünglich nicht aus der Modebranche. Sie verließ sich auf ihren exquisiten Geschmack, als sie in den 1970er Jahren, als eine der ersten, ein exklusives Geschäft in der Stokstraat eröffnete. Das Viertel war gerade von Grund auf saniert worden, die Zukunft noch ungewiss. Kiki, die Einzelkämpferin, hat sich etwas Rebellisches bewahrt. Es passt zu ihr, dass man auf ihrer Homepage im September 2014 keine Bilder findet, sondern stattdessen schwarze Flächen und einen Radiomitschnitt, in dem sie erklärt, dass die Kundinnen gefälligst in die Stokstraat kommen sollen, anstatt sich Mode im Internet anzusehen. Eine mutige Werbekampagne und ernst gemeintes Engagement für den Standort und gegen die globale Beliebigkeit.

Was den Unterschied zu anderen ausmache, sei der Unterschied, sagt Kiki. Punkt. Exklusivität alleine ist es nicht. Schon eher die Tatsache, dass Luxus hier nicht den schalen Beigeschmack der Dünkelhaftigkeit hat, der einem mitunter die Kauflust gründlich vermiest. Billig ist das alles in keinerlei Hinsicht, wie ein Blick auf die dezent unter Schuhsohlen oder hinter Revers angebrachten Preisetiketten offenbart.

Da auch den Betuchten das Geld heute nicht mehr so leicht aus der Prada-Tasche zu ziehen ist wie früher, hat Kiki gegenüber, in der Stokstraat 33, einen Outlet eröffnet. Bei Kiki 2 bietet sie Ware zu reduzierten Preisen an, die im Hauptgeschäft aussortiert wurde. Wer Luxusmarken, aber nicht das Neueste vom Neuesten haben muss, wird hier fündig.

Adresse Stokstraat 28–32, 6211 GD Maastricht, Tel. 0031/433216432 | ÖPNV Bus 4, Haltestelle in der Hondstraat; am besten zu Fuß zu erreichen, da in der bus- und autofreien Innenstadt gelegen | Öffnungszeiten Mo 13–18 Uhr, Di, Mi, Fr 10–18 Uhr, Do 10–21 Uhr, Sa 10–17 Uhr, jeden 1. So im Monat 12–17 Uhr | Tipp Getragenes in Sachen Haute Couture gibt es bei den Winkeldochters in der Rechtstraat 79. Die Zwillinge Anne und Lieve Hayen, Töchter von Kiki Niesten, eröffneten den Laden 2009.

72 Das Modell von 1752

Dachbodenfund

Selbst die stürmische Beziehung zu seiner Mätresse Marquise de Pompadour ließ Ludwig XV., von den Franzosen geliebt und gehasst, genügend Zeit, um über Kriegsspiele nachzusinnen. Er gab ein maßstabsgetreues Modell von Maastricht in Auftrag – als Prestigeobjekt und als Anschauungsmaterial für seine Offiziere –, das 1752, nach vierjähriger Arbeit, fertiggestellt wurde.

Das sogenannte »Pariser Modell« stand lange ebendort und wurde zunächst in den Tuilerien gezeigt. 1777 verbrachte man es ins Hôtel des Invalides, wo es irgendwann auf dem Dachboden landete und bis 1930 auf seine Wiederentdeckung wartete. Seit 1991 steht es in Lille im Palais des Beaux-Arts. 1973 sahen es 28.000 Maastrichter im Bonnefantenmuseum, welches sich das gute Stück ausgeliehen hatte.

Nach dem großen Erfolg der Präsentation und der Rückkehr des Modells nach Frankreich wurde zwischen 1974 und 1982 eine exakte Kopie für Maastricht hergestellt, deren Kernstück (4 mal 4,5 Meter) heute dauerhaft im Obergeschoss des Centre Céramique ausgestellt ist. Alle paar Jahre wird dort das komplette Replikat aufgebaut, das mit 39 Quadratmetern das größte bestehende Modell der Stadt ist. Zuletzt war es in seiner ganzen Pracht 2013 zu sehen.

Das Exemplar von 1752 und seine Kopie (im Besitz der »Stichting Maquette Maastricht«) sind nicht die einzigen Modelle von Maastricht. So baute Sigismund Tagage, ein Mönch des Klosters Beyart, von 1947 und 1957 an einem Modell, das ebenfalls noch erhalten ist. Seine Wiederentdeckung und Restauration sind mit der »Stichting Maastricht Vestingstad« und dem Namen Paul Tieman, dem »Mr. Maquette« von Maastricht, verbunden. Dem Bau eines neuen Modells, das Maastricht im Jahre 1867 abbildet, hat sich die »Stichting Maastricht 1867« verschrieben (siehe Seite 150). – In Maastricht wird für jeden Handgriff eine Stiftung gegründet. Man gewöhnt sich daran.

Adresse Centre Céramique, Obergeschoss, Avenue Céramique 50, 6221 KV Maastricht | **ÖPNV** Busse 1, 5, 50, 57, Haltestelle Avenue Céramique/Sphinxlunet | **Öffnungszeiten** Di 9–21 Uhr, Mi, Do, Fr 9–18 Uhr, Sa 13–17 Uhr | **Tipp** Einmal im Centre Céramique, kommt man um einen Kaffee bei »Coffeelovers« nicht herum (1. Stock). Es gibt immer mal wieder schöne Ausstellungen und natürlich, schließlich sind wir in der Stadtbibliothek, Bücher. Sehr viele Bücher.

73 Das Modell von 1867

Mit herzlichen Grüßen, Sisyphos

Noch ein Modell? Warum nicht? Schließlich sind Modelle die beste Art, Stadtentwicklung zu veranschaulichen. Das sagen zumindest die Mitglieder der kleinen Gruppe von Enthusiasten, die, in wechselnder Besetzung, seit nahezu 30 Jahren in ihrer Freizeit am »neuen« Modell von Maastricht arbeiten. Wenn man die bereits fertiggestellten Teile betrachtet, muss man ihnen zustimmen.

Die Initiative zum Bau des Modells von 1867 geht auf Paul Tieman zurück, einen bildenden Künstler aus Maastricht, der sich des Modells von Sigismund Tagage annahm, um es zu restaurieren. Tagage, ein Mönch des Klosters Beyart, hatte sich jedoch einige Freiheiten genommen und die Topografie gleich gänzlich vernachlässigt.

Ein präziseres Modell musste her. Da gesagt aber noch nicht getan ist, wird seither akribisch recherchiert, gezeichnet und schließlich im Maßstab 1:500 nachgebaut, was historisch zu belegen ist. Eine Mischung aus Detektivarbeit und handwerklichem Geschick, die zu faszinierenden Miniaturen führt.

Und warum gerade 1867? Gegen Mitte des 19. Jahrhunderts ging in Maastricht eine 600 Jahre währende Ära zu Ende. Die Wehrwerke, die die Stadt zu allen Zeiten seit dem 13. Jahrhundert umschlossen, wurden durch die militärische, politische und wirtschaftliche Entwicklung obsolet. Es erging der königliche Beschluss, dass Maastricht keine Festungsstadt mehr sein solle. Gleichzeitig brach sich die Industrialisierung in Form der Produktion von keramischen Gebrauchsartikeln und Papier Bahn. Maastricht wurde zum ersten und für lange Zeit bedeutendsten Industriestandort der Niederlande. Das Modell zeigt exakt den Zustand, bevor die Stadt begann, über die Stadtmauern hinauszuwachsen, und sich radikal veränderte.

So weit die nackten, nachvollziehbaren Fakten. Die Hingabe, mit der man sich der Erstellung des Modells widmet, ist nur mit der Liebe zu Maastricht zu erklären.

Adresse Watermolen 11, 6229 PM Maastricht | **Öffnungszeiten** nur nach Verabredung, Kontakt über die Webseite www.maastricht-1867.nl; alle bereits fertigen Teile des Modells sind seit September in der Brauerei De Keyzer (siehe Seite 40) zu sehen und werden dort dauerhaft bleiben | **ÖPNV** Busse 8, 66, Haltestelle Molensingel/Malvabeemd | **Tipp** Weil es gerade so gut zum Thema Modelle passt: Im Keller der ehemaligen Brauerei trifft sich auch der Modellbauclub DePercee. Kontakt über die Webseite www.depercee.nl.

74_Das Moonbeams

Polka-Punkte

Abseits von Stationsstraat und Rechtstraat passiert in Wyck ziemlich wenig. Einkaufslustige und Stadtschwärmer lassen den Rest des Stadtteils links liegen, denn die Dichte an Geschäften und Cafés geht dort praktisch gegen null. Früher gab es hier Lokale und Gewerbebetriebe (wie die Brauerei de Keyzer, siehe Seite 40) und sogar ein richtig großes Kino, das berühmte »Cinema Palace«, in dem seit 1927 Filme gespielt wurden. Diese Zeiten sind vorbei, und das Viertel zwischen Bahnhof und Maas schläft einen Dornröschenschlaf.

Moonbeams, einstmals in der Rechtstraat, hat sich mittlerweile in der Wycker Grachtstraat festgebissen. Ein echter Geheimtipp. Eigentümer und One-Man-Show Hans Rietveld, Maastrichter Urgestein und ein wahrer Individualist, hat sich in seinem Ladenlokal ohne Heizung durch zwei Winter gekämpft. Eigentlich sollte es, nebst den angrenzenden Fabrikhallen, schon längst abgerissen werden. Für die geplanten Neubauten fehlt aber (glücklicherweise) das Geld.

Das Angebot des Secondhand-Ladens – in dem es mittlerweile eine Heizung gibt – ist uferlos. Um die 25.000 Bücher und ebenso viele Schallplatten stapeln sich in zahlreichen Kisten und Regalen. Bei der Literatur liegt der Schwerpunkt auf philosophischem Schriftgut, es gibt aber auch Belletristik, Sachbücher, Noten und Bildbände in Hülle und Fülle. Die »Musikabteilung« lässt sich grob in Jazz, Klassik und Rock & Pop (vielen Dank an den Erfinder dieser schwammigen Kategorie) einteilen. Die Preise sind Verhandlungssache. Apropos Jazz: Der Laden wurde nach dem Album »Polka Dots & Moonbeams« des Bill-Evans-Trios benannt, der ersten Jazz-Platte, die Rietveld besaß.

Als passionierter Fotograf und Galerist in eigener Sache fotografierte er in den 1970er Jahren Maastricht. Die Bilder kann man im Laden sehen. Und neuerdings wird man, als glücklicher Käufer, auch selbst fotografiert (wenn man möchte).

Adresse Wycker Grachtstraat 13, 6221 CT Maastricht, Tel. 0031/633724631 | **ÖPNV** Busse 1 bis 6, 10, 50, 51, 53, 57, 150, Haltestelle Wilhelminasingel; gut vom Bahnhof aus zu Fuß zu erreichen | **Öffnungszeiten** Mo 14–18 Uhr, Di–Sa 13–18 Uhr | **Tipp** Seit 2014 hat Maastricht wieder ein richtiges Schallplattengeschäft (ja, wir reden hier von Vinyl!). Der Laden ist eigentlich zwei Läden, nennt sich »Kinsum + Zoomplus« und ist in der Bourgognestraat 13 (www.zoomplus.nl).

75 Das Museum im Helpoort

Kanonenkugeln & more

Beim Helpoort, dem »Höllentor«, denkt man immer an die Geschichte von den Eulen und von Athen. Natürlich ist jedermann in Maastricht bekannt, dass dies das älteste erhaltene Stadttor der Niederlande ist (erbaut 1229). Natürlich weiß jeder, dass es ein Teil der alten Stadtmauer ist, und natürlich fallen hier die Touristen in Scharen ein. Viele wissen aber nicht, dass man es auch betreten kann und dass es hier sogar ein Museum gibt. Es beschäftigt sich mit der spannenden Geschichte Maastrichts als Festungsstadt, und wer schon immer wissen wollte, wie sich das alles genau verhalten hat mit den zwei beziehungsweise den drei Stadtmauern, mit den Kasematten, den Bastionen und Kanonen, mit Vauban und Dumoulin, der ist hier genau richtig.

Die Stichting Maastricht Vestingstad, deren Anliegen die Pflege des kulturellen Erbes mit Schwerpunkt Militärgeschichte ist, kümmert sich liebevoll um das Museum und betreibt es ehrenamtlich. Besucher werden lediglich um eine Spende gebeten. Wer sich beschwert, dass es hier nur zwei Räume und nicht sehr viele Exponate zu sehen gibt, dem sei gesagt, dass ein Museum idealerweise nicht nur aus »Dingen«, sondern vielmehr auch aus Menschen besteht, die einem etwas zu den Dingen erzählen können. Und genau die gibt es hier. Wenn man möchte, kann man hier also tief in die wunderbare, wahrhaft wehrhafte Geschichte von Maastricht eintauchen – und das Anschauungsmaterial ist direkt vor der Tür. Einhundert Meter um den Helpoort herum ist mehr Festungsgeschichte versammelt, als man an einem Tag ablaufen kann.

Im Museum besteht die Möglichkeit, sich anhand eines großen Modells der Hoge Fronten, einigen kleineren Modellen und vielen Karten schon mal einen guten Überblick zu verschaffen. Im Stockwerk über dem Ausstellungsraum gibt es eine filmische Dokumentation zum Thema. Aber wie gesagt: Die Leute dort wissen alles. Man muss nur fragen.

Adresse Sint Bernardusstraat 24, 6211 HL Maastricht | OPNV Busse 4, 150, Haltestelle Sint Pieterstraat | Öffnungszeiten von Ostermontag bis zum letzten Tag der Herbstferien täglich 13–16.30 Uhr | Tipp Den Flyer des Museums mitnehmen, auf dessen Rückseite eine gute Karte der noch vorhandenen Stadtmauern abgedruckt ist. Links vom Helpoort ist das historische Wassertor »Achter de Minderbroeders« – auch ein Teil der Festungsgeschichte.

76 Der Museumskeller Derlon

Man glaubt es kaum im Frühstücksraum

Unter dem Hotel Derlon am Onze Lieve Vrouweplein liegen in einer Tiefe von fünf bis sechs Metern Reste eines römischen Kastells und eines römischen Heiligtums, die sich hier zu Beginn unserer Zeitrechnung befunden haben. Im Zuge der archäologischen Grabungen, bei denen man sie entdeckt hat, fand man auch ein Stück eines Weges, der vermutlich noch aus keltischer Zeit stammt. Anlass für die Grabungen war der in den 1980er Jahren projektierte Neubau des Derlon Hotels.

Auch wenn man davon ausgehen konnte, hier etwas zu finden, hatte niemand vermutet, dass man bei den Untersuchungen nach dem Abriss des alten Hotels auf einen historisch solch bedeutenden Fund stoßen würde. Die Entdeckung führte zur Verzögerung der Bauarbeiten und zur drastischen Änderungen der Baupläne, in die die Fundstelle nun derart integriert werden musste, dass sie für die Öffentlichkeit zugänglich blieb.

Das Resultat kann kostenlos und durchgängig zu den Öffnungszeiten des Hotels besichtigt werden. Lediglich vor elf Uhr morgens wird die Wiege Maastrichts als Frühstücksraum für Hotelgäste genutzt. Da will man nicht stören. Natürlich frühstücken sie nicht im Castrum, sondern drum herum. Ein Innenarchitekt hätte es sich nicht besser ausdenken können. Leider scheinen Hotel und Stadthistoriker aber keine sehr glückliche Verbindung eingegangen zu sein. Der Ort wird nicht in dem Maße gewürdigt, in dem er es, angesichts seiner Bedeutung, verdient hätte. Sonntags ist jemand vom Fremdenverkehrsamt vor Ort. Ansonsten ist man auf schlecht beleuchtete und ausschließlich auf Niederländisch verfasste Informationstafeln angewiesen.

Wer unter der Woche vor dem geschlossenen, offiziellen Eingang des »Museums« in der Plankstraat steht, bekommt gar nicht mit, dass man den Haupteingang des Hotels benutzen kann und dort dann die Treppe ins Souterrain nimmt.

Adresse Onze Lieve Vrouweplein 6, 6211 HD Maastricht | ÖPNV Busse 4, 150, Haltestelle Hondstraat | Öffnungszeiten ab 11 Uhr morgens, bis das Hotel schließt (etwa 23 Uhr); Nebeneingang Plankstraat 21 nur So geöffnet | Tipp Steht man vor der Liebfrauenkirche (keine 50 Meter vom Hotel entfernt), sieht man, dass im Sockel an der rechten Seite des mächtigen Vorbaus mit den zwei Türmen einige auffällige helle Ecksteine verbaut sind. Original römisch! Es handelt sich um Reste von Stadtmauern, die abgebrochen und für den Bau von Gebäuden verwendet wurden.

77 Der nationale Lagerraum 9

Die Nachtwache der Nachtwache

Am 25. August 1939 wird das Rijksmuseum in Amsterdam vorsorglich geschlossen. Am Tag zuvor wurde die Mobilisierung in den Niederlanden ausgerufen. Planungen zum Schutz der nationalen Kunstwerke beginnen. Im Herbst 1940 werden drei Bunker an der holländischen Küste fertiggestellt, in die man viele Werke verbringt. Aus Angst vor einer englischen Invasion beschließen die deutschen Besatzer 1941, die Küste zu evakuieren und zwei neue Schutzräume für die Kunstwerke zu errichten. Einer davon ist der nationale Lagerraum 9, besser bekannt als »Tresor« im St. Pietersberg, der im März 1942 fertiggestellt wird.

Am 24. März 1942 kommt auch die »Nachtwache« von Rembrandt van Rijn am St. Pietersberg an. Es ist das berühmteste der 780 Kunstwerke, die hier eingelagert werden, und es hat eine atemberaubende Odyssee hinter sich, die damit beginnt, dass es 1939 von Amsterdam zur Burg Radboud transportiert wird, wo es nicht durch die Tür passt und notdürftig über Nacht unter einem Vordach gelagert werden muss. Am nächsten Tag schreibt die zu seinem Schutz abgestellte Wache nach Hause: »Ich war die Nachtwache der Nachtwache.«

Ursächlich verdankt der Tresor seinen Standort dem Umstand, dass der Ingenieur Van Schaïk 1928 zum Zwecke des Mergeltransports einen Tunnel durch den St. Pietersberg graben ließ. Der Tunnel ist ein Teil des nördlichen Systems von Gängen im Berg, das sich bis über – oder besser unter – die belgische Grenze erstreckt. Da die Bewachung des Tresors durch niederländische Polizei und Angestellte des Rijksmuseums durchgeführt wurde, war es immer wieder möglich, den Besatzern ein Schnippchen zu schlagen. So wurden vom Tresor aus zum Beispiel Piloten der Alliierten über die Grenze gebracht oder Wetterberichte über einen geheimen Sender mit dem Codenamen »Margriet« (nach der dritten Tochter von Königin Juliana) an die britische Luftwaffe übermittelt.

Adresse Sint Pietersberg, 6212 NC Maastricht | **ÖPNV** Bus 4, Haltestelle Mergelweg Sint Pieters, von hier längerer Fußweg | **Öffnungszeiten** Nur zugänglich im Rahmen der Tour »Die nördlichen Grotten«, Reservierung unter Tel. 0031/433252121 oder online unter www.maastrichtunderground.nl. Dort erfährt man auch alles über die Tarife und den Treffpunkt. | **Tipp** Eine Jacke mitnehmen. In den Tunneln ist es recht kühl. Bis zum Ausflugslokal Chalet Bergrust (Luikerweg 71) ist es eine knappe Viertelstunde Fußweg. Beste Aussicht von der Terrasse, bodenständige Küche, beliebt bei den Maastrichtern und sehr besuchenswert.

78 Der NATO-Bunker

Kein Alfa-Tango mehr in der Foxtrot Street

Als amerikanische Truppen die Anlagen des späteren NATO-Bunkers am Cannerberg nahe der belgischen Grenze erreichten, staunten sie nicht schlecht. Die Deutschen hatten Teile der ehemaligen Mergelmine bereits zu einer Bunkeranlage umfunktioniert, in der sie beabsichtigten, die V-1-Rakete zu bauen. Allzu viel konnte man aber mit dem Tunnel nicht anfangen, und so erinnerte man sich erst 1956 wieder an die Anlage und baute sie zur Ausweichsbefehlszentrale der NATO für den nordeuropäischen Sektor aus. Als der Kalte Krieg kälter wurde, waren hier bis zu 300 Soldaten und Offiziere rund um die Uhr stationiert. 1992 wurde die Anlage geschlossen.

Es dauerte zwei Jahrzehnte, bis sie wieder offiziell zugänglich gemacht wurde. Seit 2012 gibt es Führungen zu den spektakulärsten Ecken des etwa acht Kilometer langen Systems. Sehen kann man zum Beispiel die Offiziersmesse (»Flintstone«) und den »Partykeller« des gemeinen Fußvolks (»Mushroom«), die Hochsicherheitszone mit dem ehemaligen Kommandoraum und den Generatorraum. Wer allerdings James-Bond-Romantik erwartet, wird enttäuscht. Zum einen ist von der Einrichtung und den Geräten, die hier standen, fast nichts erhalten, und zum anderen sahen die »Kriegsspiele« in der Realität anders aus als im Film, wo Probleme, wie die Aufrechterhaltung des Wasserdrucks bei gleichzeitiger Benutzung mehrerer Toiletten, eher selten Gegenstand der Betrachtung sind.

Hochinteressant ist der Bunker deshalb, weil man hier eindringlich erfahren kann, wie die damals allgemein herrschende Paranoia das Denken der Militärs beherrschte, oder umgekehrt. Obwohl bekannt war, dass der Ostblock über den Standort des Bunkers informiert war, wurden alle erdenklichen Maßnahmen ergriffen, damit keine Informationen nach außen drangen. Dazu gehörte strengste Geheimhaltungspflicht für alle Mitarbeiter, aber auch, dass nichts, und zwar gar nichts, den Bunker jemals verließ.

Adresse Cannerweg 800, 6213 ND Maastricht | **ÖPNV** Bus 34, Haltestelle Cannerweg/ Cannerbos | **Öffnungszeiten** Teilnahme an den monatlich stattfindenden Führungen nur nach Reservierung über http://www.limburgs-landschap.nl/item/excursies-nato-hoofdkwartier | **Tipp** In dem Gebiet kann man phantastische Wander- und Radtouren machen und an der Strecke schöne Orte finden. Wijngaard Apostelhoeve (Susserweg 201, erreichbar über Cannerweg) ist beispielsweise eines der umliegenden Weingüter, die man im Sommer unbedingt gesehen haben sollte.

79 Das Pieke-Dassen-Haus

Geburtsurkunde für einen Riesen

Am 31. Mai 2014 wurde einem der ganz großen Maastrichter die adäquate Ehrung zuteil, in die Liga der Riesen aufgenommen zu werden. Einen Tag vor dem alle fünf Jahre wiederkehrenden Umzug der Riesen erhielt Pierre Gigantius Angelus Catalina »reus Pieke« seine Geburtsurkunde von Bürgermeister Onno Hoes und durfte sich tags darauf erstmals beim Riesenspektakel unter seinesgleichen mischen. Der, der hier gemeint ist, ist der Maastrichter Puppenspieler, Schauspieler und Maler Pierre Hubertus (Pieke) Dassen.

Die Sache mit den Riesen (nl. Reuzen) hat in Maastricht schon eine lange Tradition – die dazugehörende Reuzengilde existiert seit 1968 – und einen noch länger zurückliegenden Vorläufer. Anlässlich des Besuchs von Philipp II., Sohn und Erbfolger von Karl V., im Jahre 1550 demonstrierten die Maastrichter Gilden ihren Unmut gegenüber den beiden damaligen Herren der Stadt mit einem sieben Meter hohen Riesen, der zwei kleine Figuren in einem Beutel bei sich trug, den Herzog von Brabant (Karl V.) und Georg von Österreich (seinerzeit Fürstbischof von Lüttich).

In Maastricht gelangte Pieke Dassen durch sein Puppentheater, das sich ab Ende der 1950er Jahre im Keller des Dinghuis befand, schon früh zu lokaler Berühmtheit. Die volksnahen Figuren mit den zotigen Sprüchen waren bei Kindern und Erwachsenen gleichermaßen beliebt.

Ab 1974 trat er als »August« in der Kindersendung »De Film van Ome Willem« auf, für die er auch Puppen anfertigte, und wurde dadurch national bekannt. Zu Ehren von Pieke Dassen, der 2007 an Krebs verstarb, brachte man am Haus, in dem er 24 Jahre lang lebte, arbeitete und ein Puppentheater betrieb, einen prachtvollen Giebelstein an. Außerdem benannte der Verkehrsbetrieb Veolia 2008 einen seiner Velios-Züge nach ihm. Im gleichen Jahr bekam außerdem der heilige Servatius seinen Zug, und André Rieu hat seinen auch schon.

Adresse Bogaardenstraat 43, 6211 SN Maastricht | ÖPNV Busse 3, 4, 9, 10, 34, 150, Haltestelle Markt | Tipp Im Dinghuis (siehe oben) ist heute die Geschäftsstelle des Maastrichter Fremdenverkehrsvereins (VVV). Wenn man ganz durchgeht, kommt man in einen kleinen Innenhof, wo Manny Dassen, der Sohn von Pieke, im Gedenken an seinen Vater eine Wandmalerei angebracht hat.

80 Die Quelle am Vrijthof

Glaube versetzt Quelle

Wer heute über den Vrijthof spaziert, denkt nicht daran, dass er über Tote läuft. Dabei trägt der Platz ja explizit den Friedhof im Namen. Nur dass hier eben nichts darauf hinweist, dass sich an Ort und Stelle von der spätrömischen Zeit an bis zum frühen Mittelalter ein Gräberfeld befand. Bei archäologischen Ausgrabungen, die den Bau der unterirdischen Parkplätze unter dem Vrijthof zu Beginn der 1970er Jahre begleiteten, fand man etliche Grabstätten aus merowingischer Zeit.

Im Gegensatz zu den Grabstätten, die man verdrängt hat, obwohl sie nachweisbar existierten, hat sich ein anderes Phänomen ins kollektive Gedächtnis der Maastrichter eingegraben, das auf einer falschen Behauptung fußt: Am Vrijthof gab es niemals eine Quelle, und doch ist auf alten Postkarten eine Fontaine abgebildet, die als Quelle bezeichnet wird. Die Sache hat mit dem Servatiusbrunnen aka Servatiusquelle (siehe Seite 176) zu tun. Dessen Wasser wurde im 17. Jahrhundert zum Vrijthof geleitet, wo es eine Fontaine speiste, die man ebenfalls Servatiusquelle nannte. Gutgläubige Maastrichter und Pilger nahmen das eine für das andere. Das System machte aber nichts als Ärger, und man baute die Fontaine wieder ab.

Zum 1.550. Todestag von Sint Servaas erinnerte man sich der »Quelle« auf dem Vrijthof und ließ durch Charles Voss eine neue Fontaine entwerfen. Diese wurde mit großem Pomp eingeweiht und umgehend ebenfalls als Sankt-Servatius-Quelle bezeichnet, obwohl man diesmal gar nicht erst das Wasser aus dem Brunnen im Biesland verwendete, sondern ganz herkömmliches Leitungswasser. Das galt dem Maastrichter fortan als heilig. Verständlich, dass die Aufregung groß war, als man »die Quelle« bei der letzten großen Umgestaltung des Vrijthofs demontierte und am Eingang der Sankt-Servatius-Kirche platzierte. 2013 wurde eine Plakette mit der unmissverständlichen Bezeichnung »Fontaine« angebracht.

Adresse Keizer Karelplein, Ecke Sint Servaasklooster, 6211 TC Maastricht | **ÖPNV** Busse 3, 4, 9, 34, Haltestelle Vrijthof | **Tipp** Wenn der Kaisersaal im Westwerk der St.-Servatius-Basilika im Herbst 2014 von Altlasten in Form von Asbest befreit sein wird, sollte man ihn besuchen. Er wird viel zu oft übersehen.

81 Die Region Grensmaas

Die Rückkehr der Biberburgen

Brust oder Keule? Der Naturliebhaber hat in Maastricht die Qual der Wahl. Im Süden ist De Lage Weerd gut erreichbar, das Areal ist jedoch nicht sehr groß und taugt allenfalls für einen kurzen Spaziergang.

Besser folgt man der Limburglaan (es geht immer geradeaus, auch wenn die Straße den Namen wechselt), passiert den Yachthafen Pietersplas und den Baggersee »Grindgat Ooost-Maarland« und biegt danach rechts in die Kasteellaan ab, wo das weitläufige Naturreservat Eijsder Beemden beginnt. Hier kann man ausgiebige Spaziergänge unternehmen, und Naturbeobachtungen lohnen zu jeder Jahreszeit. Die Alternative im Süden ist das Jekerdal auf der anderen Seite der Maas.

Im Norden von Maastricht wurde die Renaturierung der Maas im Zuge des Grensmaasprojektes in den letzten Jahren weit vorangetrieben, sodass sie dort wieder ihrem natürlichen Flussbett folgt. Wie der Name schon sagt, handelt es sich um den Teil der Maas, der hier in einem Gebiet von etwa 1.100 Hektar die Grenze zwischen Belgien und Süd-Limburg bildet. In erster Linie will man mit dem Projekt Überschwemmungen vorbeugen. Als willkommener Nebeneffekt siedeln sich aber in den Marschen wieder Füchse, Biber und verschiedene Vogelarten an, die es hier lange nicht gab.

Am Ostufer kann man von Borgharen aus den Fluss hinab bis Itteren gehen. Auf halber Strecke kommt man an der Kapelle Itteren vorbei, in der eine Statue steht, mit der es eine besondere Bewandtnis hat. Die Priester der belgischen Abtei Hocht besaßen eine schöne Marienstatue aus dem Jahr 1566. Zu Zeiten der Französischen Revolution wurden sie aus der Abtei vertrieben und warfen das Standbild bei Lüttich in die Maas. Es wurde an der alten Brücke in Maastricht gefunden und kam so in das Kloster Itteren. Das ist aber nur der Beginn einer wundersamen Geschichte, deren Fortgang man auf einer Tafel an der Kapelle nachlesen kann.

Adresse Die Region beginnt nördlich von Maastricht und zieht sich an der Grenze zu Belgien entlang. Die Adresse der Kapelle ist Pasestraat 71, 6223 HA Maastricht, empfohlener Einstieg ist bei Itteren auf der rechten Maasseite. Links ist aber auch schön. | ÖPNV Bus 9, Haltestelle Pasestraat (Itteren) | Tipp Falls man sich doch für die Südvariante entscheidet: Am Grindgat Oost-Maarland liegt die Freizeitanlage Fun Valley Maastricht, das einzige öffentliche Freibad Maastrichts.

82 Die römische Kreuzung

Apparat kaputt, Geschichte ist aber noch da

In den 1980er Jahren kam es in Mode, überall interaktive Präsentationen zu installieren. In manchen Städten tauchten sie zu Hunderten auf, die grauen Säulen mit kleinen Guckfenstern, hinter denen Stadtgeschichte vorbeiflimmert. O tempora, o mores. Ein paar Jahre später hatte es sich ausgeflimmert. Nach und nach starben die künstlichen Stadtführer aus.

Einen der (defekten) Vertreter dieser Gattung kann man am Maasboulevard, nahe der Sint-Servatius-Brücke, begutachten. Eigentlich soll er die Geschichte der Römer erzählen, die hier eine Brücke über den Fluss schlugen, was gemeinhin als die Geburtsstunde Maastrichts gilt.

Als Landmarke wurde eine Skulptur errichtet. Ein Stück römische Bildhauerkunst (nicht wirklich, das Ding ist eine Kopie), die einen Löwen zeigt, der auf einem Pferdekopf sitzt, steht auf vier hohen Stelen. Wenn das nicht der ideale Startpunkt für eine kleine »Römertour« durch Maastricht ist! Wendet man dem Fluss den Rücken zu und geht ein paar Meter, befindet man sich auf der ältesten Kreuzung der Stadt. Und die wurde von den Römern angelegt. Dreht man sich wieder um, muss man sich vorstellen, aus einem Tor hinauszublicken. Die Straße nach Osten heißt Eksterstraat, was sich vom lateinischen »extra muros« ableitet. Sie befand sich also schon außerhalb der Stadtmauer und war über die Brücke zu erreichen. Geht man in die andere Richtung die Plankstraat entlang, kommt nach wenigen Metern der Durchgang zu »Op de Thermen«. Auf dem kleinen Platz hinter der Stokstraat wurden die Grundmauern einer römischen Therme aus dem 2. Jahrhundert gefunden und ihr Grundriss auf dem Boden markiert. Eine Wandtafel informiert über Geschichte und Bedeutung des Stokstraatquartiers.

Zurück auf der Plankstraat findet man an der Hausnummer 21 den Eingang zum Museumskeller Derlon. Auch das Hotel Derlon hat mit den Römern zu tun (siehe Seite 156).

Adresse Eksterstraat, 6211 GG Maastricht | ÖPNV Bus 4, Haltestelle in der Hondstraat; am besten zu Fuß zu erreichen, da in der bus- und autofreien Innenstadt gelegen | Tipp In der Nähe gibt es viele spannende Dinge. Beispielsweise den Steinquader Ecke Graanmarkt/Maasboulevard, an dem man, bei genauerem Hinsehen, die historischen Hochwasserstände der Maas ablesen kann. Genau dort ist auch die Treppe zum Onze Lieve Vrouwewall, den die meisten nur von unten kennen. Muss man draufgehen!

83 Der rote Kirchturm

Ochsenblut für ein Chamäleon

Die Sint Janskerk wird erstmals 1218 erwähnt, und wer sich am Vrijthof umschaut, dem fällt sie durch ihren blutroten Turm auf. Sint Jan steht genau neben der berühmten Sint-Servaasbasilika, und das erklärt sich folgendermaßen: Sint Jan, nach Johannes dem Täufer, wurde errichtet, weil den Klosterbrüdern von Sint Servaas nicht recht war, dass sie ihre Klosterkirche mit dem gemeinen Volk teilen mussten. Also investierte man in einen »Neubau«, und fortan gingen die armen Sünder nebenan in Sint Jan zur Messe, und man war in der Kirche von Sint Servatius wieder unter sich.

Der Turm von Sint Jan hat, was seine Farbe angeht, eine wahrhaft wechselhafte Geschichte hinter sich. Bevor er 1712 gelb wurde, wie der Mergel, aus dem er gebaut ist, war er rot. Um ihn vor der Witterung zu schützen, hatte man ihn der Legende nach mit Ochsenblut angemalt. Glaubhafter erscheint die Variante, nach der die rote Farbe aus eisenhaltigem und gemahlenem Mergel bestand. Nach Gelb wechselte er 1774 wieder zu Rot und 1822 zu Weiß. Seit 1984 ist er nun wieder rot. Man darf gespannt sein, welche Farbe er als Nächstes bekommt. Was wir heute sehen, ist bereits der zweite Turm der Sint Janskerk. Über den ersten ist nur bekannt, dass er nicht besonders stabil war, denn er stürzte 1373 während eines Sturms ein. Mitte des 15. Jahrhunderts bekam die Kirche einen neuen Turm, den man auch besteigen kann.

Gegen einen geringen Obolus darf man die 218 Stufen erklimmen, die auf die Plattform in luftiger Höhe führen. Von dort aus hat man einen schönen Blick, insbesondere auf Sint Servaas und auf den Vrijthof.

Wer in den letzten beiden Jahren zur rechten Zeit vor Ort war, wurde mit einem ganz besonderen Spektakel belohnt: Vom Turm aus konnte man im Frühjahr des Jahres 2013 den berühmten Mosasaurus und ein Jahr später den Schlüssel des heiligen Servatius als anamorphe Gemälde auf dem Vrijthof bewundern.

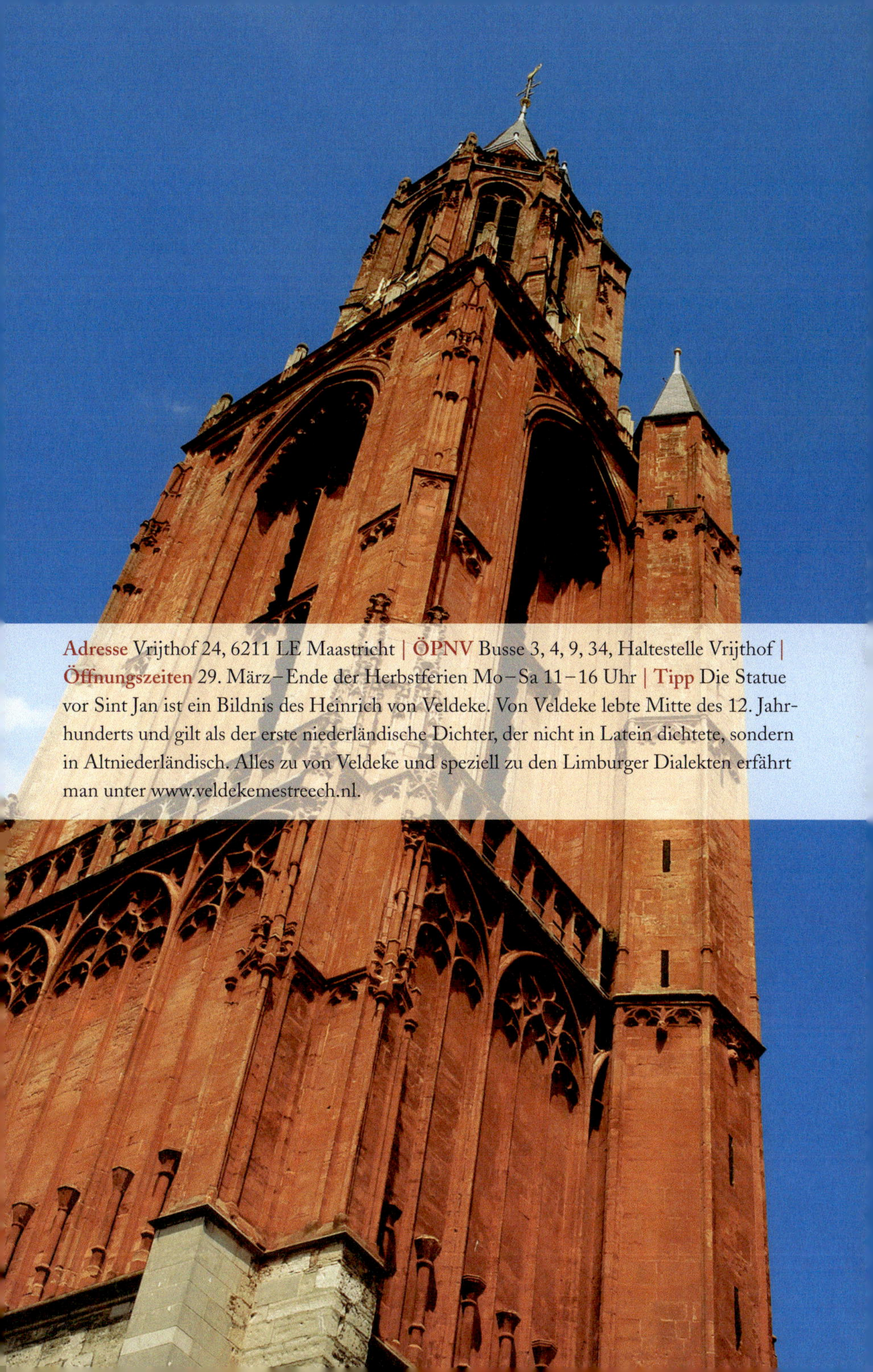

Adresse Vrijthof 24, 6211 LE Maastricht | **ÖPNV** Busse 3, 4, 9, 34, Haltestelle Vrijthof | **Öffnungszeiten** 29. März–Ende der Herbstferien Mo–Sa 11–16 Uhr | **Tipp** Die Statue vor Sint Jan ist ein Bildnis des Heinrich von Veldeke. Von Veldeke lebte Mitte des 12. Jahrhunderts und gilt als der erste niederländische Dichter, der nicht in Latein dichtete, sondern in Altniederländisch. Alles zu von Veldeke und speziell zu den Limburger Dialekten erfährt man unter www.veldekemestreech.nl.

84 Die ROZ-Studios

Du stirbst, und dann wirst du ein Sticker

1945 ging der Regionale Omroep Zuid (Regionalfunk Süd), damals noch aus der Van Hasseltkade 20, zum ersten Mal auf Sendung. Wo heute der Maasboulvard in den Tunnel abtaucht, war seinerzeit noch der Kanal, und die Rundfunk-Redakteure konnten vom Fenster aus ins Wasser spucken. Nebenbei: Die Van Hasseltkade ist wahrscheinlich die Straße mit der relativ höchsten Dichte an Reichsmonumenten in Maastricht, denn nicht nur das Haus Nummer 20 ist eines, sondern auch alle anderen 22 Häuser der Straße, von denen zwei noch aus dem 16. Jahrhundert stammen.

Kein Reichsmonument, aber dafür umso ausgefallener ist das neue Gebäude, in das der ROZ 1979 umzieht. Speziell für die Bedürfnisse eines Radiosenders gebaut, fasziniert das hochfunktionale Bauwerk nach wie vor als Stilikone der 1970er Jahre. Es besteht aus zwei aus akustischen Gründen getrennten Gebäudeteilen, von denen der kleinere drei Aufnahmestudios beherbergte und der größere Büros sowie eine Kantine mit Dachterrasse.

Eine andere Geschichte, die man im Zusammenhang mit den ROZ-Studios erzählen muss, ist die von Jean-Luc Groenteman. Der fanatische Musikliebhaber begann hier in den 1990er Jahren seine Karriere als »Radiomann«. Groenteman kannte jeden, und jeder kannte ihn. Die Stadt war seine Bühne und seine Kanzel, von der er den ungläubig Staunenden den ultimativen Rock'n' Roll predigte und unzählige von ihnen bekehrte. Als er 2011 im Alter von 42 Jahren starb, verlor Maastricht eine Ikone, einen »wilden Mann«, ebenso begnadet wie exzessiv und genauso omnipräsent wie die Sticker, die seit seinem ersten Todestag überall in der Stadt auftauchen.

L1, der ROZ-Nachfolger, nutzte die Studios noch bis 2005. Danach bot das Gebäude der Muziekgieterij, Maastrichts erster Adresse für Livemusik, bis 2013 eine Heimat. Momentan wird es von der Stichting Ateliers Maastricht (SAM) verwaltet und an Künstler vermietet.

Adresse Bankastraat 3, 6214 XN Maastricht | ÖPNV Bus 34, Haltestelle Bankastraat | Tipp Der Name Jean-Luc Groenteman ist eng verbunden mit dem »Bruis Festival«, das immer im September auf dem Sportplatz der ehemaligen Tapijnkaserne (siehe Seite 194) stattfindet (Prins Bisschopsingel 55, www.bruismaastricht.nl). Die aktuelle Adresse der Muziekgieterij lautet Boschstraat 7.

85 Die Sankt-Servatius-Quelle

Wenn Heilige mal Durst haben

Das Gute an Dingen, die sehr, sehr lange zurückliegen, ist, dass sie sich nicht überprüfen lassen. Und da kommt der Glaube ins Spiel. Im 5. Jahrhundert soll der heilige Servatius auf seiner Flucht von Tongeren nach Maastricht eine Quelle zum Sprudeln gebracht haben, indem er mit seinem Stab auf den Boden schlug. Servatius war unterwegs nach Maastricht, wohin er seinen Bischofssitz verlegte, da ihm in Rom der Einfall der Hunnen in Tongeren vorhergesagt worden war. Freundlicherweise warnte er seine Mitbürger in Tongeren, bevor er selbst das Weite suchte. In Maastricht, wo man seine Grabstätte in der Krypta der Servaasbasiliek besichtigen kann, sagt man ihm nur Gutes nach. Deshalb bleibt unklar, warum manche behaupten, er sei hier mit einem Holzschuh erschlagen worden. Es gibt allerdings eine ebenso populäre Variante, der zufolge der Heilige, welcher der Legende nach im Besitz des Zweitschlüssels zum Himmel ist, nicht gewaltsam zu Tode kam, sondern friedlich entschlief.

Was man mit Bestimmtheit sagen kann, ist, dass der Brunnen, der sich dort befindet, wo die Quelle gewesen sein soll, seit Jahrzehnten trockenliegt. Schuld sollen der Bau des Albert-Kanals und die Wasserentnahme durch die ENCI (Eerste Nederlandse Cement Industrie) sein, die den Grundwasserspiegel absenkt. Bewiesen ist nichts.

Zuvor hatte man im 17. Jahrhundert versucht, das Wasser des Brunnens unterirdisch zum Vrijthof zu leiten, wo es eine Fontaine speisen sollte. Obwohl der Vrijthof damals noch niedriger als heute lag, funktionierte das System nur höchst unbefriedigend, und so wurde das Vorhaben schließlich nach 70 Jahren endgültig ad acta gelegt. Als 1934 eine neue Fontaine aufgestellt wurde, verzichtete man wohlweislich auf das unzuverlässig fließende Wasser des weit entfernt liegenden Brunnens und verwendete stattdessen herkömmliches Leitungswasser.

Adresse Cannerweg 451, 6213 NB Maastricht (Nekum-Biesland) | **ÖPNV** Bus 34, Haltestelle Cannerweg/Jekermolen | **Tipp** Eine Radtour über den Cannerweg bis zum Brunnen und dann weiter bis in den kleinen Ort Kanne in Belgien, wo man in einem der Straßencafés rastet. Alternativ kann man den Mergelweg mitten durchs Jekerdal bis nach Kanne nehmen, der landschaftlich noch reizvoller ist.

86 Die Schleuse 19

Nächste Ausfahrt Yo-Yo-Hafen

Aus heutiger Sicht mutet sie recht klein an, doch die geschichtliche Bedeutung der Schleuse und des Kanals, genannt Zuid-Willemsvaart, an dem sie sich befindet, war einst immens. Die Schleuse 19 liegt vor dem Binnenhafen 't Bassin, über den die Maastrichter Industrie in ihrer Blütezeit auf dem Schiffsweg mit Material versorgt wurde. Der Kanal, der sich von Maastricht im Süden bis 's-Hertogenbosch im Norden erstreckt, beginnt beziehungsweise endet heute am Bassin. 1826, im Jahr seiner Fertigstellung, verlief er parallel zur Maas bis in den Süden der Stadt, bis dieser Teil, der jetzt den Maasboulevard bildet, 1967 zugeschüttet wurde.

Am Anfang des 20. Jahrhunderts verloren Zuid-Willemsvaart und Bassin ihre wirtschaftliche Bedeutung, und vor etwa 35 Jahren begann die Besiedelung des Bereichs vor der Schleuse durch Hausboote. Damals ging es hier ziemlich anarchistisch zu. Anlanden konnte jeder, der ein Boot besaß und einen freien Platz fand. Die Strom- und Frischwasserversorgung kam von wenigen Stellen am Ufer, die Rohre und Kabel liefen von Schiff zu Schiff und quer durch den Kanal. Was an Abwasser anfiel, wurde im Kanal entsorgt. Diese Zeiten sind vorbei, doch die Gegend hat sich einen gewissen chaotischen Charme bewahrt. Ein Spaziergang entlang der Anlagestellen am Jaagpad West ist interessant, noch besser ist, sich das Ganze vom Wasser aus anzusehen. Man braucht dazu entweder ein Boot (kann man am Bassin mieten), oder man löst ein Ticket für die Vier-Schleusen-Tour auf einem Ausflugsschiff der Stiphout.

Ton Wackerzapp lebt auf einem der Hausboote direkt an der Schleuse 19. Mehrmals täglich kommen die weißen Schiffe der Stiphout vorbei, und dann wird auch das Boot von Ton zur Touristenattraktion. »Man gewöhnt sich daran«, sagt er. Und überhaupt, das Schöne an so einem Hausboot ist ja, dass man jederzeit den Anker lichten und woanders hinfahren kann, wenn es einem nicht mehr gefällt.

Adresse zwischen Jaagpad West und Jaagpad Oost, 6219 NN Maastricht | ÖPNV Busse 34, 53, Haltestelle Bosscherweg/Van Eyckstraat | Tipp Am Bosscherweg 117 liegt ein nettes Café, das ebenfalls »Schleuse 19« heißt. Wenn man dem Bosscherweg folgt, kommt eine schöne Brücke über den Yo-Yo-Hafen, der wegen der schwankenden Wasserstände seinen Namen bekam. Danach kommt die Schleuse Bosscherveld – Radtourland.

87__Die Schutzkeller

Zweiraummuseum in den Kasematten

Der südwestliche Teil des ehemaligen Verteidigungsrings erstreckte sich von der Maas bis zum Tongerseweg. Außer der Bastion Waldeck ist davon nichts mehr zu sehen. Die dortigen unterirdischen Gänge, die Kasematten, dienten im 18. Jahrhundert dazu, die Untertunnelung des Verteidigungsrings durch den Feind zu unterbinden. In späteren Zeiten wurden sie als Schutzkeller genutzt. Ausschließlich diesem speziellen Thema widmet sich ein kleines Museum.

Was wäre naheliegender, als es dort einzurichten, wo sich die Ereignisse zutrugen? Über einen der ehemals 27 Eingänge zum System geht es über eine unscheinbare Treppe in den Untergrund. In zwei Räumen wird hier die Geschichte der Kasematten im Zweiten Weltkrieg und während der Zeit des Kalten Krieges dokumentiert. So erfährt man beispielsweise, dass das weitverzweigte Tunnelsystem für maximal 15.000 Schutzsuchende gedacht war. Am Ende des Krieges, als die Bombardierung der Stadt durch die Alliierten ihren Höhepunkt erreichte, zählte man mitunter bis zu 25.000 Menschen in den Kasematten.

Die Schutzkeller waren nicht für längere Aufenthalte eingerichtet und die sanitären und medizinischen Anlagen entsprechend rudimentär. Für den seelischen Beistand sorgten mehrere Kapellen. Die meisten der damaligen Eingänge befanden sich in Kellern der umliegenden Häuser. So zum Beispiel unter der ehemaligen Tabakfabrik Philips (der Besitzer war mit »Glühbirnen Philips« verwandt). Der Keller der Fabrik war zwar bombensicher, doch die Arbeiter mussten bei Fliegerangriffen dennoch in den Kasematten Schutz suchen. Auch im Krieg war der Platz für die wertvolle Ware Tabak reserviert, die man dort trocknete.

Nach 1965 baute der niederländische Zivilschutz einen Teil der Kasematten zu Atomschutzbunkern aus. Sechs der unterirdischen Bastionen im Bereich der Bastion Waldeck sollten jeweils 200 Personen Schutz bieten.

Adresse Minister Goeman Borgesiusplantsoen, 6214 Maastricht, www.schuileninmaastricht.nl | **ÖPNV** Busse 9, 34, Haltestelle Cannerplein | **Öffnungszeiten** März–Okt. jeweils am 3. So des Monats | **Tipp** Auf der gegenüberliegenden Straßenseite befinden sich der Waldeckpark und der überirdische Teil der ehemaligen Bastion Waldeck. Wenn man Glück hat, bekommt man eine »Spezialführung« von den Schutzbunkern aus, bis zur Bastion, und zwar unterirdisch.

88 Der Sigarenhandel Otten

Die Seele des Tabaks

Alleine zwischen Bahnhof und Sint-Servaas-Brücke gab es in den 1950er und 1960er Jahren an die zehn Zigarrengeschäfte. Nicht die Tabakläden, die auch alles Mögliche andere verkaufen, sondern richtige Zigarrengeschäfte. Hinter der Brücke waren noch mal so viele. Jetzt sind es in der ganzen Stadt nur noch drei. Wilhelm Otten stand 1969 als 20-Jähriger zum ersten Mal hinter dem eigenen Ladentisch. Einhundert Meter weiter war das Zigarrengeschäft, das sein Vater 1933 eröffnet hatte. Eine kleine Zigarrengeschäft-Familiendynastie. Bevor Herr Otten auf die Kundschaft losgelassen wurde, hatte er fünf Monate in Lüttich gearbeitet. Hauptsächlich, um Französisch zu lernen – die Preise für Zigarren sind in den Niederlanden aufgrund der niedrigeren Besteuerung 20 Prozent günstiger als in Belgien, da muss man sich auf die Raucher aus dem Nachbarland einstellen.

Herr Otten bedient seine Kunden nicht nur auf Französisch, sondern auch auf Deutsch, Englisch und Spanisch, wie es eben gerade kommt. Internationalität ist Teil des Geschäfts. Kunden hat er auf der ganzen Welt, und beruflich bedingt kam er selbst ziemlich rum. Der ausgewiesene Experte war überall, wo gute Zigarren hergestellt werden: natürlich auf Kuba, aber auch in der Dominikanischen Republik, in Brasilien und zuletzt auf Honduras. Man muss auf dem Laufenden bleiben. »Das ist anstrengend«, sagt er und zieht genüsslich an einer Zigarre, um sich mental zu erholen. An und für sich gehen »sich anstrengen« und Zigarre rauchen nicht gut zusammen. Wer kein Kenner ist, dem erklärt Herr Otten gerne die Feinheiten des kontemplativen Tabakgenusses und öffnet dafür seine »Schatzkammer«, den begehbaren Humidor. Warum man Zigarren, im Gegensatz zu Zigaretten, nicht auf Lunge raucht, erfährt man bei der Gelegenheit auch. »Das ist wie mit einem guten Steak«, sagt Herr Otten. »Das schmeckt man auch nicht mit dem Magen.«

Adresse Stationsstraat 5a, 6221 BM Maastricht | **ÖPNV** alle Busse über Bahnhof, Haltestelle Maastricht, Station | **Öffnungszeiten** Mo 11–18 Uhr, Di–Fr 9.30–18 Uhr, Sa 9.30–18 Uhr | **Tipp** Bei einer Einladung gibt es Zigarren für den Herrn des Hauses, Blumen für die Dame. Am Ende der Stationsstraat, Hausnummer 47, ist mitten auf der Straße der Blumenstand »Ramaekers«, eine Maastrichter Institution. Wenn man dort nichts Passendes findet, geht man zu »De Rozengaard«, Stationsstraat 40.

89 __ Die Sint Pieterstraat

Schleifen drehen durch das »Handwerkerquartier«

Die Rechtstraat und die Wycker Brugstraat sind die »Schweizer Taschenmesser« unter den Straßen in Maastricht. Dort kann man toll einkaufen, prima essen und feste feiern, wenn man möchte. Für die Brusselsestraat, wo es traditionell »alternativer« zugeht, gilt das Gleiche. Wo man aber unbedingt auch einen Tag verbringen sollte, das ist die Sint Pieterstraat.

Gelegen im per se interessanten Jekerquartier, ist die kleine Straße gespickt mit Sehenswürdigkeiten, kleinen Cafés, Restaurants und Läden und der ideale Ausgangspunkt für Abstecher in Seitenstraßen wie Stenenbrug, Tafelstraat oder Kleine Looiersstraat. Ein Stück der Maastrichter Heidenstraat, die nahtlos in die Sint Pieterstraat übergeht, sollte man auch noch mitnehmen und sich dann einfach Richtung »Monseigneur Nolenspark« treiben lassen und immer mal wieder links und rechts abbiegen, und kleine Schleifen drehen. Die historischen Gebäude sind durch braune Hinweistafeln gekennzeichnet, sodass man das erste Franziskanerkloster, die wallonische Kirche direkt gegenüber oder die Bisschopsmolen (Stenenbrug) nicht übersehen kann.

Essen und trinken kann man buchstäblich an jeder Ecke, von Guide-Michelin-Niveau (Café Sjiek) bis Fast Food (Cafetaria De Jeker, Spitzenburger!) ist alles vertreten. Noch dazu gibt es eine erstaunliche Menge empfehlenswerter »Delis« für Selbstversorger. »Le Souk« (marokkanisch), »Le Salonard« (Brot und französische Spezialitäten), »Amfora« (griechisch) und »Cato by cato« (nachhaltig) sind sehr gut. Für die Geselligkeit geht man ins Café Forum, das Zeezicht, das Café de Belsj oder das Café St. Pieter. Auch Geschäfte gibt es en masse. Tipp: Am Ende der Straße, wo sie an einer Brücke rechts abknickt, findet man »Crafts and Co.«. Dort bieten verschiedene Produzenten Handgemachtes unter einem Dach an. Jenseits der Brücke, im Monseigneur Nolenspark, kann man in Ruhe rasten.

Adresse St. Pieterstraat, 6211 JM Maastricht | ÖPNV Busse 4, 150, Haltestelle St. Pieterstraat | Tipp Schwer vereinbar, aber dennoch: Montags sind im Café Forum Jazzkonzerte, und sonntags, um 9.30 Uhr, kann man den Gottesdienst in der wallonischen Kirche besuchen.

90 Der Speeltuin Fort Willem

Ein »Halber Mond« und Ozelots

Viele Maastrichter kennen ihn noch aus ihrer Kindheit und bekommen leuchtende Augen, wenn man ihn erwähnt. Der Spielplatz wurde unmittelbar in der Nachkriegszeit angelegt und war in den 1950er Jahren eine echte Attraktion mit Vergnügungsparkcharakter. Immerhin gab es eine aufsehenerregende Seilbahn, eine 80 Meter lange Rutsche und ein Becken für kleine Boote. Aus dem Becken wurde später ein kleines Schwimmbad. Die ursprüngliche Idee war, den durch die Kriegsereignisse traumatisierten Kindern einen Ort der Erholung und des Vergnügens zu bieten. Bei seiner Eröffnung lag der Spielplatz noch im Grünen, und die Kastanienallee vor dem Eingang, die heute aus nur wenigen Bäumen besteht, ging bis hinunter zum Statensingel.

Obwohl sich der Spielplatz über die Jahrzehnte im Wesentlichen nicht verändert hat, gab es immer wieder Bestrebungen, seine Attraktivität zu erhöhen oder zumindest zu erhalten. Von 1972 bis 1977 gab es sogar einen kleinen Tierpark mit Ozelots, einem Präriewolf und sieben verschiedenen Affenarten. Zumindest die Tiere, die in Käfigen zur Schau gestellt wurden, werden über die Schließung nicht unglücklich gewesen sein.

Bedingt durch Verschleiß und technischen Fortschritt wurde der »Gerätepark« immer mal wieder erneuert. Außerdem gibt es seit Kurzem einen »'t Bosheukske« genannten Teil, wo Kinder sich naturnah auf bewaldetem Terrain, ganz ohne Technik, austoben können. Wer hier schon in den 1950ern geturnt hat, wird sich darüber freuen, dass einige Geräte aus der frühen Zeit noch erhalten sind. Leider musste man sich 1987 vom »Halben Mond« trennen, einer großen (der Name sagt es) mondsichelförmigen Schaukel, die hier seit 1946 stand. Tausende von Maastrichtern verabschiedeten das lieb gewonnene Relikt aus ihrer Jugend auf dem Marktplatz, bevor es nach Kerkrade transportiert wurde, wo man es heute im Industriemuseum besichtigen kann.

Adresse Kastanjelaan 50, 6217 SB Maastricht | ÖPNV Bus 63, Haltestelle Cabergerweg, wenn man ein Stück Fußweg in Kauf nimmt, kann man auch die Busse 1, 2, 5, 6, 10 und 66 bis zur Capucijnenstraat nehmen | Öffnungszeiten 30. März–14. Sept. Mo–Sa 10–18 Uhr, So und Feiertage 13–18 Uhr | Tipp Einen weiteren, sehr schönen und selbst verwalteten Spielgarten findet man ganz am anderen Ende von Maastricht im Mergelweg 231-X. Er heißt »Speeltuin Merregelhoof«.

91 Der Steg in der Maas

Mittendrin und auch daneben

Alle, die mit ihren Booten an dem Steg zwischen der Wilhelminabrücke und der Sint-Servaas-Brücke anlegen (Letztere wird gemeinhin als die »alte« Brücke bezeichnet), werden über dieses Kapitel nicht sehr erfreut sein. Qua Gewohnheitsrecht betrachten sie den Bereich als privat und mögen es nicht besonders, wenn man dort entlangläuft.

Andererseits können sie es einem aber nicht untersagen, denn auch Landratten ist das Betreten des Steges erlaubt. Deshalb sollte man sich den einmaligen Blick, den man von hier aus auf die Stadt hat, keinesfalls aus falscher Rücksichtnahme versagen. Gegebenenfalls kann man vielleicht etwas langsamer als üblich gehen, um den Freizeit-Kapitänen die Gelegenheit zu geben, sich etwas überzuziehen, bevor man ihre Yacht passiert.

Zugänglich ist der Steg von beiden der oben genannten Brücken aus, und die Türchen stehen in aller Regel offen. Nur in Ausnahmefällen, beispielsweise bei Hochwasser, werden sie aus Sicherheitsgründen geschlossen. Einmal auf dem Steg angekommen, genießt man zunächst die ungewöhnliche Perspektive auf die eine oder die andere Brücke. Beide haben von hier aus gesehen ganz neue Reize. Vor allem der mächtige Pfeiler der Wilhelminabrücke entfaltet von unten aus betrachtet eine ganz besondere Wirkung. Steg und Brücke wurden zur gleichen Zeit gebaut. Sie stammen aus den Jahren 1931/32.

Geht man in Richtung Mitte des Steges, breitet sich zu beiden Seiten des Stroms das Stadtpanorama in seiner vollen Pracht aus. Der Steg ist keine echte Abkürzung, weshalb man dort auch nicht andauernd entlanglaufen muss. Menschen, die gerne fotografieren und auf der Pirsch nach ungewöhnlichen Stadtansichten sind, finden hier aber todsicher das »etwas andere Motiv«, das sich von den immer gleichen Bildern des Maasufers unterscheidet. Und näher als hier kommt man den dicken Frachtern auf der Maas nirgendwo.

Adresse zwischen Sint-Servaas-Brücke und Wilhelminabrücke, Maas, 6211 Maastricht | **ÖPNV** Busse 1 bis 6, 10, 50, 51, 53, 57, 150, Haltestelle Wilhelminasingel, gut vom Bahnhof aus zu Fuß zu erreichen | **Tipp** Der innerstädtisch schönste Abschnitt der Maas liegt zwischen der Wilhelminabrücke und der Noorderbrug auf der rechten Flussseite. Im Sommer bietet sich das Verweilen auf den dortigen Liegewiesen an, die dann weniger überlaufen sind als der Stadtpark.

92 Das Stellwerk Post T

Neue Sachlichkeit auf dem Abstellgleis

Der Bahnsteig zwischen Gleis 3 und Gleis 4 am Hauptbahnhof führt geradewegs zu einem Reichsmonument. Das stillgelegte Stellwerk, das man ganz am Ende findet, wurde zwischen 1932 und 1933 nach Entwürfen von Sybold van Ravesteyn (1889–1983) gebaut. In der Vorkriegszeit Anhänger des »neuen Bauens« und Mitglied der Gruppe »De 8«, entwickelte van Ravesteyn später einen von italienischer Architektur beeinflussten Stil. Er baute überwiegend Bahnhöfe und bahntechnische Anlagen, aber auch Wohnhäuser, Theater und Tankstellen. Zu seinen bekanntesten noch erhaltenen Bauwerken zählt der Rotterdamer Zoo.

1937 steuert van Ravesteyn die Inneneinrichtung für die Yacht »Piet Hein« bei. Das Boot ist ein Hochzeitsgeschenk für Königin Juliana. Drei Jahre später entwirft er im Auftrag der Niederländischen Eisenbahn einen Salonwagen für Arthur Seyß-Inquart, den Reichskommissar der besetzten Niederlande. Seyß-Inquart wird 1946 im Nürnberger Prozess zum Tode verurteilt und, als einer von zehn Hauptschuldigen des NS-Regimes, hingerichtet. Im gleichen Jahre erhält Sybold eine offizielle Rüge wegen seiner Mitgliedschaft in dem von den Nazis während des Krieges kontrollierten »Bund Niederländischer Architekten«. Sie bleibt für ihn ohne weitere Konsequenzen.

Außer dem Stellwerk Post T blieb keines der zahlreichen Stellwerke, die van Ravesteyn entworfen hat, erhalten. Der Bau steht beispielhaft für seine frühe Schaffensphase und für das bautechnische und baukünstlerische Potenzial der Neuen Sachlichkeit. In Anbetracht dessen führt es ein bedauerliches Schattendasein am Rande des Maastrichter Bahnhofs. Immerhin wurde es 2003 renoviert und gereinigt, da man Schäden an der Betonkonstruktion festgestellt hatte. Vorübergehend wurde es von einem Künstler als Atelier genutzt. Der jedoch wurde seit zehn Jahren dort nicht mehr gesehen und gilt als verschollen. Künstlerschicksale.

Adresse Stationsplein 25, 6221 BT Maastricht | ÖPNV alle Busse über Bahnhof, Haltestelle Maastricht, Station | Tipp Ein schönes und oft übersehenes Beispiel für das Bauen im Stil der Neuen Sachlichkeit ist das ehemalige Kaufhaus »Maussen« in der Wycker Brugstraat 28, Baujahr 1932. Architekt: Jos Joosten.

93 Das Stokstraatquartier

Tote Landser und »fliegendes Geschirr«

Während der deutschen Besatzung fand man so manchen Landser am Morgen, all seiner Habseligkeiten beraubt, nackt und ziemlich tot, in der Maas treibend. Die Indizien deuten darauf hin, dass sie sich nachts zuvor im Stokstraatquartier aufhielten, wo nicht nur »leichte Mädchen« auf sie warteten, sondern auch Meuchelmörder mit einer speziellen Auffassung von Widerstand. Das Viertel war indes schon vor dem Krieg das verruchteste in Maastricht, um das die »anständigen« Bürger einen Bogen machten.

Die Geschichte des Stokstraatquartiers geht bis in die Römerzeit zurück (siehe Seite 170). Im 17. und 18. Jahrhundert bauten sich Fabrikbesitzer hier herrschaftliche Gebäude, und das Viertel erlebte eine vorübergehende Blüte. Als sich die Industriellen außerhalb des Zentrums großzügigere Domizile zulegten, zogen Arbeiter mit ihren kinderreichen Familien und das »Milieu« ein. In aller Regel teilten sich mehrere Familien ein Haus. Die sanitären Bedingungen waren, gelinde gesagt, bescheiden. Einige Hotels wurden eröffnet, die vorrangig den Damen des horizontalen Gewerbes als Arbeitsplatz dienten. Das Leben fand im Allgemeinen auf der Straße statt, und der Begriff »fliegendes Geschirr« wurde geprägt, weil es üblich war, dass die Keramikware beim Familienzwist auf dem Trottoir landete.

1953 begann man schließlich mit einer umfassenden Renovierung der Häuser und der Umsiedlung der Bewohner (vor allem der zentralen Stokstraat) mit dem Ziel, aus dem »Problemviertel« ein »Prachtviertel« zu machen. 20 Jahre danach, im Jahre 1973, wurde das »neue« Stokstraatquartier feierlich und von Prinz Claus persönlich wiedereröffnet. Seit Ende der 1970er Jahre ist die Stokstraat Maastrichts erste Adresse, wenn man exklusive Mode und andere Luxusartikel benötigt. Seitdem wohnt aber niemand mehr hier. Und wie in den Einkaufsstraßen vieler Städte ging mit den Menschen auch die Seele.

Adresse Stokstraat, 6211 GD Maastricht | ÖPNV Bus 4, Haltestelle in der Hondstraat; am besten zu Fuß zu erreichen, da in der bus- und autofreien Innenstadt gelegen | Tipp Die Kneipe »In de Moriaan«, eine der ältesten, aber mit Sicherheit die kleinste Kneipe der Niederlande, ist in der Stokstraat 12.

94 Die Tapijnkaserne

Großer Zapfenstreich für einen Sicherheitsbereich

Für ziemlich genau ein Jahrhundert war das Gelände, auf dem die Tapijnkaserne steht, als militärischer Sicherheitsbereich für Normalsterbliche unzugänglich. Wie gut, dass es nach der Räumung der Anlage im Jahre 2010 dort nun zügig vorangeht und im Herbst 2014 Künstler in die ehemaligen Kfz-Wartungshallen einziehen werden. Dort können sie dann arbeiten, bis der Rest des Areals und der Gebäude so weit umgestaltet sein werden, dass Institute der Universität einziehen können. Die Ateliers werden voraussichtlich 2016 abgerissen.

Der größte Teil der Gebäude, die man heute sehen kann, wurde zwischen 1916 und 1919 errichtet. Von 1953 bis 1985 wurde in zwei Bauphasen erweitert. Nach 1967 waren hier auch Abteilungen der NATO stationiert, für die verschiedene Anlagen, darunter auch ein Atombunker, angelegt wurden. Ihren Namen hat die Kaserne von Sebastiaan Tapijn, der den Heldentod starb, als er Maastricht 1579 gegen die spanischen Belagerer verteidigte.

Der Plan ist, das gesamte Terrain vom Monseigneur Nolenspark im Nordosten bis zum Jekerdal im Südwesten hin zu öffnen. In dieser Richtung wird ein Radweg verlaufen. Ein Fußweg wird als Verlängerung der Brücke an der »Tür in der Mauer« von Norden nach Süden zunächst durch den Tierpark gehen und dann an der Kreuzung St. Hubertuslaan und Prins Bisschopsingel enden. Dort steht das denkmalgeschützte Gebäude mit dem prägnanten Turm, das man in Zukunft auch aus der Nähe betrachten kann.

Man darf sehr darauf gespannt sein, was sich die Planer für die ehemalige Kantine ausgedacht haben. Von außen wie von innen strahlt sie momentan noch den betörend drögen Charme aus, der nachdenkliche Menschen ins Grübeln bringt. Wie viele Hackbällchen mit pappigem Kartoffelbrei und bis zur Geschmacklosigkeit verkochten Bohnen sind hier wohl über die Theke gegangen? Und wie hat sich das auf die Moral der Truppe ausgewirkt?

Adresse Ecke Prins Bisschopsingel/St. Hubertuslaan, 6211 KD Maastricht | **ÖPNV** Bus 4, entweder Bushaltestelle Waldeckpark oder St. Pieterskade | **Tipp** Noch sind der Tierpark und die Voliere im Monseigneur Nolenspark eine Randerscheinung. Aber natürlich kann und sollte man sie auch jetzt schon besuchen.

95_TATZ

Custom Culture Galore

Erstens kommt es anders und zweitens als man denkt. Eigentlich sollte das TATZ eine Kombination aus Tattoo-Studio und T-Shirt-Laden werden, daher der Name (TA)ttoos & (T)shir(Z), aber daraus wurde nichts, weil der Tattoo-Meister plötzlich Heimweh nach den USA bekam und mit Sack und Pack die Stadt verließ. Der Laden war angemietet und das Gewerbe angemeldet, also ging es ohne Tattoo-Studio los, und das Sortiment wurde um Vintage- und Retro-Klamotten jeglicher Couleur erweitert. Was heute im Laden hängt, ist handverlesen. Man bekommt bei TATZ Hemden aus den 1950er bis zu den 1980er Jahren, darunter ausgefallene Hawaii- und Country-Shirts, Jacken, Hosen, Boots, Hüte und Sneaker … alles echt alt oder im Retro-Stil.

Stöbern in der Secondhand-Abteilung lohnt sich immer, schon wegen der Preise, und auch die Markenware, die das TATZ führt, ist erschwinglich. Nur an der Qualität wird nicht gespart. Pike Brothers Jeans, die man außer bei TATZ in ganz Limburg nicht bekommt, sind ein gutes Beispiel für die Philosophie des Ladens: kleine und feine Marken anbieten, die Ware von guter Qualität zum fairen Preis herstellen. Ob die genannten Jeans oder die CEBO-Sneaker – die sozialistische Antwort auf den amerikanischen Baseballschuh à la Chucks –, all das kostet hier keine Mondpreise und ist mit einem Wort: »authentisch«.

Obschon der Laden mit seinem derzeitigen Sortiment gut aufgestellt ist, soll das Angebot demnächst noch ausgefallener werden. Man denkt über eine In-Store-Produktion nach und will mehr lokale Produzenten einbeziehen. »Custom Culture« schreit einen ja ironischerweise aus jedem zweiten Schaufenster x-beliebiger Retailer an. Wie »Custom« das dann ist und was es mit »Culture« zu tun hat, das mag jeder selbst entscheiden. Bei TATZ läuft das anders. Keine fadenscheinige Corporate Identity, kein Ausverkauf von Idealen. Long live Rock'n'Roll!

Adresse Rechtstraat 48, 6221 EK Maastricht | **ÖPNV** Busse 1 bis 6, 10, 50, 51, 53, 57, 150, Haltestelle Wilhelminasingel; gut vom Bahnhof aus zu Fuß zu erreichen | **Öffnungszeiten** täglich 11–18 Uhr | **Tipp** Bei TATZ bekommt man extrem schicke Retro-Helme. Die kann man zum Einsatz bringen, wenn man sich einen Motorroller (nl. bromfiets) leiht. Bis 50 Kubikzentimeter ist das Fahren der kleinen Flitzer in den Niederlanden auch ohne Führerschein erlaubt!

96_Die Teufelsgrotte

Nachtschicht im Schacht

In Maastricht ist oft von »den Grotten« die Rede – die aber sind eigentlich gar keine. Es handelt sich vielmehr um Stollen und Schächte. Das trifft auch auf die Teufelsgrotte zu, die offiziell »Wijngaardsberggroeve« heißt. Der kleine Stollen liegt am Hang des Poppelmondedal, nahe der Grenze zu Belgien. Er ist eine Miniaturausgabe der bekannten Sehenswürdigkeiten unter dem St. Pietersberg und dem Cannerberg und kann mit allem aufwarten, was die »großen« auch haben. An den Wänden kann man noch sehr gut die Spuren erkennen, die die Arbeiter beim Herausschneiden der Mergelblöcke hinterlassen haben. In der Mitte steht ein Stützpfeiler – wenn auch nur ein einziger –, der verhinderte, dass ihnen dabei die Decke auf den Kopf fiel.

Die Teufelsgrotte hat aber noch etwas zu bieten, was kein anderer Stollen in Maastricht hat: einen Taubenschlag! Linker Hand am Eingang, etwa fünf Meter über dem Boden, hängen einige Brutkästen, in die Züchter früher ihre Tiere setzten. Heute werden sie von Wildtauben bewohnt. Den Taubenschlag kann man leider nur sehen, wenn man die Höhle betritt, was neuerdings verboten ist. Es gibt ein entsprechendes Schild und ein Geländer, um Neugierige vom Betreten des Schachts abzuhalten. Das Geländer ist ziemlich klein.

In jedem Fall ist der Ort interessant anzusehen, und man kann sich gut vorstellen, wie er zu seinem Spitznamen kam, wenn man vom Tal aus darauf zuwandert. Der Hügel mit dem Eingang erhebt sich majestätisch über die karge und verlassene Landschaft. Zusammen mit der zweiten, runden Öffnung hat das Ensemble etwas Maskenhaftes. Man braucht nicht viel Phantasie, um ein diabolisches Gesicht darin zu erkennen. Früher war der Ort aufgrund seiner Erscheinung und der Abgelegenheit eine beliebte Location zum Feiern. Von den ausschweifenden »Housepartys«, die hier stattfanden, erzählt man sich die allerwildesten Geschichten.

Adresse Poppelmondeweg, 6212 Maastricht, östlicher Teil des St. Pietersbergs, nahe der belgischen Grenze. Man findet die Grotte, wenn man dem Mergelweg folgt, von dort in den Poppelmondeweg einbiegt und nach der zweiten Biegung südlich querfeldein geht. | **ÖPNV** Bus 726, Haltestelle Neercanne in Kanne | **Tipp** Wer mit dem Rad entlegene Stellen wie die Teufelsgrotte erkunden will, sollte sich unbedingt die Webseite www.maastricht-biking.com ansehen. Der Blick ins Maastal lohnt sich auch von der gegenüberliegenden Erhebung aus. Am Tiendenberg, der zum belgischen Riemst gehört, gibt es einen sehr schönen Aussichtspunkt.

97 Das Topor-Wandgemälde

Keine gelbe Wand mit Punkten

Am 10. Dezember 1948 verkündete die Generalversammlung der Vereinten Nationen in Paris die »Allgemeine Erklärung der Menschenrechte«. Zum 40. Jahrestag wurde in Maastricht ein Wandgemälde eingeweiht, das man ironischerweise damals genauso schlecht sehen konnte wie heute. Einige Bäume verstellen den freien Blick. Sie sollten eigentlich schon vor der Fertigstellung des Bildes gefällt werden, da sie angeblich krank waren. Die Anwohner hatten jedoch – Menschenrechte hin oder her – etwas dagegen und bestellten einen unabhängigen Gutachter ein. Der erklärte die Bäume für putzmunter, und so blieben sie stehen.

Der Anbringung des Werkes ging ein Wettbewerb voraus, doch die eher progressiven Einreichungen fanden bei der Jury keine Gnade. Eine gelbe Wand mit Punkten? Da hatte man sich doch etwas ganz anderes vorgestellt. Zum Glück blätterte der damalige Kulturdezernent in einem Kalender von Amnesty International, wo er eine Zeichnung des französischen Künstlers und Schriftstellers Roland Topor fand, auf die man sich schnell einigte. Eilends, denn die Zeit drängte, reiste man nach Paris, wo Topor seine Unterschrift unter den Vertrag setzte, der als Vergütung vorsah, dass ein stattlicher Betrag an Amnesty International überwiesen werden sollte. So geschah es. Die Arbeit am Wandbild konnte beginnen.

Ausgeführt wurde die Arbeit von John Prop, Anne-Hilde Bruining und Arjan van Dam. Mittlerweile blieben nur noch wenige Wochen, um ein Gerüst aufzustellen, die Wand vorzubereiten und ein Raster anzubringen, mit dessen Hilfe die Vorlage auf die Wand übertragen wurde.

Der Wettlauf gegen Zeit und Wetter wurde gewonnen. Zur Einweihung kamen nicht nur der Bürgermeister und Vertreter von Amnesty International, sondern auch Roland Topor persönlich, der bei dieser Gelegenheit das Werk signierte. Die Angelegenheit mit den Bäumen nahm er mit Humor, wie es heißt.

Adresse Ecke Tongersestraat/Kakeberg, 6211 LP Maastricht | ÖPNV Busse 3, 4, 9, 34, Haltestelle Tongersestraat | Tipp Eigentlich ging man von einer Lebensdauer von nur sieben Jahren für das Wandgemälde aus, doch es hat die Jahre gut überdauert, und noch immer trifft man sich dort zum Jahrestag am 10. Dezember, um an die »Deklaration der Menschenrechte« zu erinnern. Die Jan van Eyck Academie ist um die Ecke am Academieplein 1. Sie ist einen Besuch wert, und mittags kann man dort günstig und gut in der Cafeteria speisen.

98 De Tribunal

Rauchzeichen im »Cartier Latin«

Das meiste von dem, was von der ersten Stadtmauer nach ein paar Jahrhunderten noch übrig war, riss man 1731 weg. An einigen Stellen jedoch waren zwischenzeitlich Häuser an die Mauer gesetzt worden, und da man die schlecht mit einreißen konnte, blieb an diesen Stellen die alte Stadtbefestigung erhalten. So auch an der heutigen Tongersestraat 1, wo gegen Ende des 17. Jahrhunderts das Haus gebaut wurde, in dem später das Café Tribunal einziehen sollte. So kommt es, dass das Café eine Wand hat, die fast 800 Jahre alt ist.

Schon 1895 war hier nachweislich eine Kneipe, die Geschichte des Café Tribunal, wie man es heute kennt, beginnt aber erst 1962. Damals wurde es von den Eltern des jetzigen Besitzers mit viel Enthusiasmus und wenig Geld eröffnet. Da Provisorien in den lockeren Sechzigern zum Lebensstil gehörten, wurden in Eigenregie eine Theke eingebaut, die Bohlen aus einer ehemaligen Kegelbahn zu Tischplatten umfunktioniert und die Wände (ausgenommen die oben erwähnte »Stadtmauer«) weiß angestrichen. Fertig war das Tribunal. Dass weder Theke, Tische noch Wandfarbe jemals erneuert werden würden, ahnte damals niemand. Speziell im Falle der Wandfarbe hatte das sichtbare Folgen. Die verfärbte sich nämlich im Laufe der Jahre, bedingt durch die immensen Nikotinablagerungen (wir erinnern uns, wir sind in der Zeit vor der Prohibition), langsam von Weiß nach Gelb und schließlich nach Braun. Das Dunkelbraun, das man heute sieht, ist also nicht das Ergebnis eines Anstrichs, sondern das Ergebnis KEINES Anstrichs.

Über das Tribunal gäbe es noch Hunderte solcher Geschichten zu erzählen. Das Café war und ist Kult, und dem ist nicht viel hinzuzufügen. Wer in Maastricht stadtbekannt ist, der war hier oder sitzt heute noch dort an der Theke. Um die Sache mit der Wandfarbe auf ihren Wahrheitsgehalt zu überprüfen, muss man übrigens nur einmal hinter eines der Bilder an der Wand schauen.

Adresse Tongersestraat 1, 6211 LL Maastricht, Tel 0031/433210390 | ÖPNV Busse 3, 4, 9, 34, Haltestelle Papenstraat | Öffnungszeiten Mo–Sa 8–2 Uhr, So 9–20 Uhr | Tipp Sehr für einen Besuch zu empfehlen ist die Galerie Bärwald, in der man Werke von der klassischen Moderne bis zur Gegenwartskunst sehen und kaufen kann und die nur ein paar Häuser weiter ist (Hausnummer 11).

99__Die Turmmühle Gronsveld

Der mit der Windmühle spielt

Maastricht liegt nicht in Holland, sondern in Limburg. Beide Provinzen liegen in den Niederlanden. Bei der Fußballweltmeisterschaft sind alle Niederländer für Holland, obwohl Holland gar nicht mitspielt. Dass nicht nur die meisten Touristen, sondern auch viele Niederländer »Holland« synonym zu »Niederlande« verwenden, macht die Sache nicht einfacher.

Als typisch für Holland werden Holzschuhe, Tulpen, Käse und Windmühlen angesehen. Da Limburg aber nicht Holland ist, wo tatsächlich viele Windmühlen stehen, findet man in Maastricht, wo es wiederum viele Wassermühlen gibt, nur noch eine einzige: die Turmmühle von Gronsveld.

Sie ist nicht nur die einzige ihrer Art in Limburg, sondern eine von nur vier verbliebenen in den Niederlanden. Die Turmmühlen, deren Wände bis zu zwei Meter dick sind, wurden im Laufe der Zeit durch leichtere und »schlankere« Konstruktionen ersetzt. Abgesehen von einer Unterbrechung in den Jahren 1944 bis 1958 läuft die Mühle seit 1623, als sie in Betrieb genommen wurde. In ihrem Inneren befindet sich ein einfaches, aber effizientes Räderwerk, welches die Windkraft auf die Mahlsteine überträgt. Die drehbare Kappe dient dazu, die Flügel optimal in den Wind zu stellen. Seit 1766 bedient der Müller den Mechanismus von außen. In jenem Jahr wurden etliche Umbauten an der Mühle vorgenommen. Unter anderem wurde der Turm um drei Meter erhöht und der sogenannte »Wall« am Fuß des Gebäudes angebracht.

Inhaber ist seit 1972 die Mühlenstiftung Limburg. Dass man hier noch, wie vor fast 400 Jahren, Getreide mahlen kann, wird von Herrn Meessen demonstriert, der sich für die Stiftung um die Mühle kümmert. Er weiß nicht nur alles über die faszinierende Technik und wie man sie bedient, sondern auch über den gesamtkulturellen Zusammenhang, in dem die Mühle steht. So wird die Besichtigung auch zum Ausflug in die Geschichte Süd-Limburgs.

Adresse Rijksweg 90, 6228 XZ Maastricht, Tel. 0031/433614721 | ÖPNV Bus 57, Haltestelle Rijksweg Eykelborg | Öffnungszeiten jeden 1. und 3. Sa im Monat 11–16 Uhr | Tipp Von einem der Fenster in der Mühle aus kann man bis zur Turmuhr der St.-Martinus-Kirche schauen, die einen Abstecher wert ist.

100_’t Zaat Hermenieke

»Wir werden alle verrückt geboren …«

An Kunst im öffentlichen Raum ist Maastricht wahrlich nicht arm, wobei die Grenze zwischen Kunst und, um es mal ganz böse zu sagen, »Stadtmöblierung« manchmal fließend ist. Wie gut, dass es Han van Wetering gibt, dessen Werke immer eindeutig Kunst und immer zweifelsfrei ironisch sind, sodass es eine große Freude ist, ihnen in der Stadt nachzuspüren.

Leicht zu finden ist »’t Zaat Hermenieke« von 1993, denn die Figurengruppe steht, wenn auch am Rand, so doch unübersehbar, am Vrijthof. Spätestens seit der Künstler die Bronzefiguren 2005 nachträglich farbig angemalt hat, sind sie ein sehr beliebtes Fotomotiv mit Kitschpotenzial, zumal sie eine Karnevalskapelle darstellen, also etwas für Maastricht sehr Typisches. Schaut man genauer hin, entpuppen sich die Figuren aber als ziemlich verwegene Gestalten mit fast boshaften Zügen.

Die Skulptur bezieht sich, schon vom Namen her, auf »De Zaate Herremenie«, das erste Karnevalsorchester ohne Dirigent, das 1959 eine grundlegende Erneuerung des Maastrichter Karnevals einleitete. »De Zaate Herremenie« wurde zur Blaupause für alle »angetrunkenen« oder auch »torkelnden« Hermenieke (Kapelle, Orchester), die seitdem ein fester Bestandteil des Maastrichter Karnevals sind.

Während die Maastrichter die Skulptur entweder mögen oder maximal »nicht besonders schön« finden, gehen die Meinungen über andere Arbeiten von van Wetering deutlich weiter auseinander. Dass sein St. Servas, der seit 1981 vor dem Polizeipräsidium steht (Hubertuslaan 40), ganz offensichtlich ein paar Fußballschuhe trägt, empfanden viele als nicht witzig und einige sogar als geradezu frevelhaft. Gleiches gilt für das Grabmal für seine verstorbene Lebensgefährtin (siehe Seite 16). Noch einmal ganz andere, fast düstere Züge zeigen van Weterings weniger bekannte Arbeiten an den Portalen des Naturhistorischen Museums und des Provinzhauses.

Adresse Vrijthof, 6211 Maastricht | ÖPNV Busse 3, 4, 9, 34, Haltestelle Vrijthof | Tipp An der Mauer unterhalb des Plein 1992 gibt es eine weitere, sehr schöne und großformatige Keramikarbeit von Han van Wetering.

101 Das V-House

Schöner wohnen

Besitzt man ein iPhone, ist schon mal der Anfang gemacht. Dann muss man nur noch das nötige Kleingeld und einen Architekten wie Wiel Arets haben, der einem so etwas wie das V-House entwirft. Das iPhone wird zum Öffnen der gläsernen Doppeltür benötigt, die weder über ein Schlüsselloch noch über eine Klinke verfügt. Die Besitzer rufen ihre Tür einfach an, egal, wo sie gerade sind (normalerweise in der Nähe der Tür), und schon öffnet sich sanft die linke Hälfe – oder auch die rechte, oder beide, wenn man mit dem Wagen hineinfahren möchte. Zum Beispiel mit einem Aston Martin. Die sammelt der Hausherr nämlich. Hört sich alles nach James Bond an, steht aber seit 2013 genau so in der Batterijstraat und ist, auch wenn man die Details nicht im Einzelnen kennt, ein faszinierendes Stück moderner Architektur.

Wiel Arets, 1955 in Heerlen geboren, hat einiges in Maastricht gebaut. Am bekanntesten dürfte sein Erweiterungsbau der Kunstakademie am Herdenkingsplein sein. Die Außenhülle des Gebäudes besteht praktisch ausschließlich aus Glasbausteinen. Wer die Gelegenheit hat, sollte es sich unbedingt auch einmal von innen ansehen.

An einem anderen, frühen Projekt von Arets ist jeder schon einmal vorbeigelaufen, der einmal am Sint Amorsplein war. In der Hausnummer 14 ist ein Herrenausstatter, und die Fassade fällt durch das niedrige Schaufenster und die vergleichsweise hohe Tür auf. Von Arets stammt auch das H'House für Jan und Jo de Heerenhof (siehe Seite 88), und wie er selbst wohnt, das sieht man in der D'Artagnanlaan, wo er sich einen sehr eleganten Flachbau mit Holzvertäfelung an der Fassade hingestellt hat. Möglicherweise macht Wiel Arets, der bisher vor allem in den Niederlanden baute, bald den Sprung auf das internationale Parkett. Seine Architektur, die in Maastricht jetzt bereits ihresgleichen sucht, würde damit noch ein bisschen mehr strahlen.

Adresse Batterijstraat 42, 6211 SJ Maastricht | **ÖPNV** Busse 1, 2, 5, 6, 8, 9, 53, 66, Haltestelle Boschstraat/Markt | **Tipp** Auch wenn man sich dafür in die Buslinie 50 setzen und von Maastricht aus etwa 45 Minuten Fahrt in Kauf nehmen muss, sollte man sich die Polizeistation in Vaals ansehen, die Arets entworfen hat (Randweg 5, Vaals). Die deutschen Architekturfans sind im Vorteil, denn von Aachen aus dauert die Fahrt nach Vaals nur zehn Minuten.

102 Der viereckige Schornstein

»San Lorenzo« aus der Trockenstraße

Die Grote Looiersstraat ist eine der Hauptschlagadern des aufstrebenden Jekerquartiers. Hinter der ersten Reihe der Bebauung liegt an der Hausnummer 22 eine verwinkelte frühindustrielle Anlage, die ehemalige Vermicelli- & Makkaronifabrik Jos Bauduin. Das Areal ist eine Zeitkapsel, in der man sich in das Maastricht des 19. Jahrhunderts versetzt fühlt. Bis 2013 war der kleine Industriekomplex im Besitz der Erben Bauduins. Jetzt will die Stadt das Areal umgestalten und Sozialwohnungen bauen. Was in jedem Fall erhalten bleiben wird, ist der viereckige Schornstein, der aus dem Jahr 1857 stammt. Er gilt als der älteste der Niederlande.

Die Geschichte der Vermicelli- und Makkaroniproduktion beginnt in Maastricht bereits im Jahre 1840 (Vermicelli- und Makkaronifabrik v/h Pagnier fils & Co.), erlebt aber in der Mitte des 20. Jahrhunderts ihren Niedergang. Der eckige Schornstein rauchte immerhin noch bis 1993. Bis zu diesem Jahr produzierten die Bauduins hier Vermicelli, Makkaroni und Spaghetti. Die Pastasorten, die den Maastrichtern noch ein Begriff sein sollten, trugen so klingende Namen wie »Stella«, »Lions Brand«, »Bauduin's Vermicelli« und »San Lorenzo«.

Über die Produktionsbedingungen ist nicht viel bekannt. Gegen Ende scheint es aber in jeder Hinsicht bergab gegangen zu sein. Es kursiert eine merkwürdige Geschichte, der zufolge die letzte Trockenstraße für die Teigwaren aus zwei zusammengesetzten Wohnwagen bestanden habe.

Bezahlbaren Wohnraum in der Innenstadt zu schaffen ist ein hehres Anliegen. Es bleibt dennoch zu hoffen, dass der Charme des Komplexes erhalten bleibt. Momentan befinden sich hier, neben einigen wenigen Ateliers, überwiegend Parkplätze für die Gäste der umliegenden Hotels und für die Anwohner. Wer weiß, vielleicht spielt auch in diesem Fall die Zeit, wie so oft in Maastricht, für den Bestandsschutz.

Adresse Grote Looiersstraat 22, 6211 JJ Maastricht | **ÖPNV** Busse 3, 4, 9, 34, Haltestelle Tongersestraat; schlecht per Bus zu erreichen, man muss einen kleinen Fußweg einkalkulieren | **Tipp** Der Trip zum Schornstein lässt sich gut mit einem Rundgang durch das Jekerquartier verbinden, wo man einen Kaffee im »Café Lure« in der Grote Looiersstraat 7 trinkt und einen Blick in die »Galerie Dis« wirft, Tafelstraat 28.

103 Das Villeneuve

Von »Lucky Luke« und Steak Beltoise

In Maastricht teuer essen zu gehen ist kein Problem. Man nimmt den Stadtführer des Fremdenverkehrsamtes zur Hand und sucht sich etwas in der Innenstadt aus. Dass die Qualität unter Umständen enttäuschend ist, bleibt leider nicht aus.

Preiswert essen ist schon schwieriger, wenn man nicht gerade auf Fast Food ausweichen will und bedenkt, dass unter 30 Euro für ein Hauptgericht in Maastricht schon als günstig angesehen wird. Aber günstig und richtig gut? Auftritt: Das Villeneuve im beschaulichen Stadtteil St. Pieter.

Vom Stadtzentrum aus in wenigen Minuten mit dem Fahrrad zu erreichen, liegt das Villeneuve an einer ruhigen Kreuzung, die geradezu mediterranen Charme hat. Passend, dass hier klassische, einfache italienische und französische Küche serviert wird. Die Karte ist überschaubar, was immer ein gutes Zeichen ist, und es gibt täglich wechselnde Menüs. Bei der Zubereitung kann man Chefkoch und Mitinhaber Ron de Heer (fast) über die Schulter schauen.

Sein Einstieg in die Gastronomie war nicht sehr klassisch, denn die erste Station war kein Restaurant oder die Hotelfachschule, sondern die »Schule der Straße«. In der legendären Frittenbude »Lucky Luke«, sagt er, habe er richtig arbeiten gelernt. Die Hotelfachschule hat er später dann doch gemacht und schließlich in einem guten italienischen Restaurant gearbeitet.

Heute ist er selbst »Chef«, und sein Risotto ist so berühmt, dass er regelmäßig nach dem Rezept gefragt wird. Verraten hat er es bisher noch niemandem.

Und warum heißt das Restaurant Villeneuve? De Heer ist schon von jungen Jahren an ein großer Bewunderer der kanadischen Rennfahrerlegende Gilles Villeneuve gewesen. Also warum nicht das Restaurant nach ihm benennen? Und auch wenn man das nicht weiß, klinge es einfach schön, sagt er. Das ist nur die Kurzversion. Die ganze Geschichte erfährt man vielleicht bei einem italienischen Wein.

Adresse Observantenweg 2, 6212 ER Maastricht, Tel. 0031/433252586 | ÖPNV Bus 4, Haltestelle Mergelweg St. Pieters | Öffnungszeiten täglich 17–22 Uhr | Tipp Das »Lucky Luke« hat längst den Besitzer gewechselt, ist aber immer noch eine gute Adresse, wenn man auf die Schnelle einen Snack haben will. Die Adresse ist Sint Amorsplein 2.

104_ Vlieg-er-uit

Tricks in Dosen

Von außen sieht der Spiel- und Hobbyladen von Arthur Nap nicht nach viel aus, doch wenn man ihn betritt, eröffnet sich schlagartig die ganze wunderbare Welt des Spiels. Eltern seien ausdrücklich vorgewarnt! Besser schon vorher eine gute Strategie überlegen, wie man den Nachwuchs wieder aus dem Laden herausbekommt. Leider gibt es hier alles, was Kinder- und Spielerherzen erfreut. Das fängt mit Karten- und Brettspielen an und geht über Zaubertricks für den angehenden Magier bis hin zu Jo-Jos, Frisbees oder Sportgeräten wie Skateboards. Alleine um die 10.000 Zaubertricks, die in handlichen Kästchen oder Dosen verkauft werden, kann der Zauberlehrling hier erwerben.

Das Schöne ist, dass man hier vieles erst einmal ausprobieren darf und auch nach Herzenslust spielen kann, zum Beispiel wenn man ein Freund von Tabletop-Games wie »Warhammer« und dergleichen ist. Die Szenarien und Figuren dafür stehen im Laden in großer Zahl zur Verfügung, und Mitspieler sind hier schnell gefunden. Die internationale Liga der vereinigten Fantasy-Freaks trifft sich immer donnerstags und samstags im Laden.

Angefangen hat alles mit Drachen. Denen, die man steigen lassen kann. Die bekam Arthur von seiner Mutter quasi in die Wiege gelegt. In den 1970er Jahren verkaufte sie das damals wie heute beliebte Spielzeug. Arthur hat den Drachenverkauf übernommen und dann, nach einem Umweg über die Kunstakademie, sein Geschäft nach und nach ausgebaut. Dass er rechtzeitig den Trend zu Rollen- und Fantasy-Spielen erkannte und selbst den Import organisiert hat, ist nur einer der Gründe dafür, dass der Laden noch existiert. Wer nah am Kunden ist, der erfährt, was die Leute gerade interessiert, und kann darauf reagieren, sagt er. Heute ist Vlieg-er-uit einzigartig in der Region, denn nirgends sonst findet man eine vergleichbare Auswahl. Und Drachen gibt es hier auch noch immer.

Adresse Brusselsestraat 70, 6211 PG Maastricht, Tel. 0031/433251653 | ÖPNV schlecht zu erreichen, Busse 1, 2, 5 und 6, Haltestelle Koningin Emmaplein, von hier muss man die Brusselsestraat bis etwa zur Mitte zurücklaufen | Öffnungszeiten Mo, Di, Mi, Fr 13–18 Uhr, Do 13–21 Uhr, Sa 10–18 Uhr | Tipp Die Brusselsestraat muss man in jedem Fall rauf- und runtergelaufen sein. Es gibt eine Vielzahl von Geschäften und überall Interessantes zu entdecken. Das quirligste Eckchen ist die Kreuzung »Kommel« und Brusselsestraat.

105 Die Wand am Winkelcentrum

»Felix, Leny en 300 Kinderen«

Um die Lambertuskirche herum entstand um 1900 das Stadtviertel Brusselsepoort. Die Festungswerke, die sich hier einst befanden, und ein Stadttor am Ende der Brusselsestraat waren nach 1870 abgetragen worden. Das Viertel wurde nach dem ehemaligen Stadttor benannt. 1971 baute man das wiederum (fast) gleichnamige Winkelcentrum »Brusselse Poort«. »Winkel« heißt Geschäft, und im Brusselse Poort gibt es 50 Stück davon. Mehrmals in Folge wurde das Einkaufszentrum zum schönsten der Niederlande gewählt. Über Geschmack lässt sich streiten. Aus dem Jahr, in dem es gebaut wurde, stammt auch eine monumentale Wandmalerei an einer Mauer, die seinerzeit noch frei stand. Dass die Betreiber einen bildenden Künstler baten, die etwa einhundert Meter lange Wand zu gestalten, sagt etwas über den damaligen Zeitgeist aus. Dass der davorliegende Platz 1996 überbaut und ein Parkplatz wurde, auch.

Felix van de Beek, damals Anfang 30, erinnert sich an den Tag, als die Wand mit Hilfe seiner Frau Leny und 300 Kindern bemalt wurde. »Die Formen habe ich vorgezeichnet und die Töpfe mit den Farben vorbereitet. Innerhalb der Formen konnten die Kinder malen, was sie wollten. Ich habe nur ein bisschen dirigiert«, erzählt er. Bereits 1969 hatte der Künstler mit einem Projekt begonnen, das ihn international bekannt machte, der »Siegfriedlinie«. Nahe der deutsch-belgischen Grenze bemalte van de Beek Teile der deutschen Panzersperren, der sogenannten »Drachenzähne«, was als psychedelische Umdeutung der Hinterlassenschaft des Zweiten Weltkriegs gedeutet wurde. Was die Wandmalerei angeht, so ist auch sie ein Kind ihrer Zeit. Dass das kollektive Kunstwerk aber sehr wohl in die Gegenwart hineinwirkt, bewies sich kürzlich. Die seinerzeit noch schulpflichtigen Akteure griffen als Erwachsene nochmals zum Pinsel, um dem in die Jahre gekommenen Bild einen frischen Anstrich zu verpassen.

Adresse Brusselsepoort 65, 6216 CG Maastricht | **ÖPNV** Busse 5, 6, 10, Haltestelle Dokter Bakstraat/Brusselsepoort | **Öffnungszeiten** Brusselse Poort: Mo 10–18 Uhr, Di, Mi, Fr 9–18 Uhr, Do 9–21 Uhr, Sa 9–17 Uhr; Sonntag haben manche der Läden geöffnet, manche nicht. Zu den Öffnungszeiten kann man auf den Parkplatz und das Wandgemälde von Nahem sehen. Sonst sieht man es nur durch ein Gitter. | **Tipp** Wenn man schon mal dort ist, muss man sich auch den Brusselse Poort geben. Im ersten Stock ist ein kleiner Laden, der ziemlich leckere Broodjes (belegte Baguettes) verkauft, und man hat die Auswahl zwischen zwei Supermärkten.

106 Der Wild West Active Space

Immer noch wütend, nach all den Jahren

Auf der Etage über »Traders Pop« gibt es einen Ausstellungsraum, der ein paarmal im Jahr bespielt wird, und dann geht hier bei den Vernissagen richtig die Post ab. Unten, im Geschäft, bekommt man Streetwear neu und gebraucht, Magazine, Bücher und was sonst noch zur Grundausstattung des kontemporären Urbanisten gehört. Der Wild West Active Space ist so etwas wie die hauseigene Bühne. Erst kürzlich hat man sie umbenannt, da der alte Name (»Traders Pop Gallery«) etwas zu sehr nach Kunst und Kommerz roch. Was die Brüder Waterval, von denen gleich noch die Rede sein wird, hier veranstalten, gilt vielen als der letzte Ausdruck von gelebtem Zeitgeist in Maastricht. Das macht die Watervals zu Recht ein bisschen stolz, aber auch wütend. Als halbwegs kulturinteressierter Mensch wird man hier schnell in hitzige Debatten um das Wesen von kultureller Identität unter besonderer Berücksichtigung der Rolle der Kommunalpolitik verwickelt.

»Kultur besteht aus mehr als nur aus Geschäften«, proklamiert Guido Waterval. Bei dem Thema schwillt ihm angesichts der aktuellen Marschroute der Gemeinde der Kamm. Er darf das sagen, obwohl er inzwischen selbst Mitinhaber eines Mini-Imperiums ist. Guido und seine beiden Brüder Johnny und Giel haben in den 1980er Jahren klein angefangen, mit einem Möbelladen für Secondhand-Ware. Damals nannten sie sich nur »Traders« und karrten noch Wandschränke durch die Gegend. Mit dem, was sie verdienten, eröffneten sie die Bar »Take Five«, und aus »Traders« wurde »Traders Pop«. Später kamen noch die Boutique »Muchachas« und der Schuhladen »Kinsjasa« dazu. Aber die drei sind Kinder der Straße geblieben, denen es wichtig ist, etwas zu bewegen. Für sich und für andere. Es klingt nach Ironie, wenn Guido sagt, dass sie eher eine Farm als ein Unternehmen sind. Aber wenn man Kultur als etwas versteht, das gehegt und gepflegt werden will, ist es auch wieder sehr zutreffend.

Adresse Heggenstraat 16, 6211GW Maastricht, Tel. 0031/433210830 | **ÖPNV** Busse 4, 150, Haltestelle Hondstraat | **Öffnungszeiten** Mo 13–18 Uhr, Di, Mi, Fr, Sa 10–18 Uhr, Do bis 21 Uhr, So 13–17 Uhr | **Tipp** Gegenüber vom »Take Five« liegt der ziemlich abgedrehte Trödelladen »'t Winkelke Jo-Pie«, Bredestraat 29, der allerdings nicht der billigste ist. Bei »Secondhand4All« in der Bredestraat 16 fährt man günstiger, aber das Angebot ist dafür weniger pittoresk.

107 Die Wohnschule Ravelijn

Wohnen lernen in der Neubausiedlung

Wohnschulen haben in den Niederlanden eine traurige Tradition. Es handelt sich nicht etwa um Schulen, sondern um geplante Stadtviertel, die mit dem Ziel gebaut wurden, sogenannte Problemfamilien zu besseren Bürgern zu erziehen. Ein aus heutiger Sicht absurder Gedanke, doch 1956 schien es der Gemeinde Maastricht angebracht, im Zuge der Bekämpfung des »Sumpfes« aus sozialer Vernachlässigung und Kriminalität in der Stokstraat die betreffenden Familien erst einmal zu isolieren und dann zu therapieren.

Im Ravelijn, dem eigens dafür gebauten Viertel, herrschten ganz besondere Regeln. Die Häuser sind ringförmig um einen zentralen Platz angelegt. Wer als hoffnungsloser Fall galt, wohnte am inneren Ring, wo die soziale Kontrolle am größten war. »Vielversprechende« Familien durften weiter außen wohnen. Zum einen wirkten sie dort wie ein Puffer zwischen den »harten Fällen« und den »normalen« Vierteln, die an Ravelijn angrenzten, zum anderen hatte man die Hoffnung, sie nach und nach in diese Viertel zu überführen. Ein Plan, der nicht aufging. 1970 wohnten immer noch 32 der Familien, die ursprünglich dorthin zogen, im Ravelijn.

In den 1980er Jahren wurde der Abriss des Viertels diskutiert. Den Bewohnern, die inzwischen hier heimisch geworden waren, zahlte man Abfindungen und expedierte sie in Viertel wie Caberg und Wittevrouwenveld. Wohnschulen hießen die zwar nicht, der Effekt war aber der gleiche. Gängige Praxis war schon damals, dass man bis zur endgültigen Entscheidung, was aus dem Ravelijn werden sollte, Studenten und Künstler gegen geringe Mieten in die Wohnungen setzte.

Die Gebäude stehen immer noch. Hatte man vielleicht gar nicht vor, sie abzureißen? Die Probleme wurden durch die oben erwähnten Umsiedlungen nicht gelöst, nur verlegt. Wenn man durch das Viertel spaziert, fällt auf, dass sich das soziale Milieu hier geändert hat. Ravelijn heute: verkehrsberuhigt.

Adresse Ravelijn, 6217 Maastricht | **ÖPNV** Busse 1, 2, Haltestelle Brusselseweg/HS Zuyd, oder Bus 63, Haltestelle Fort Willemweg | **Tipp** Bis zum Brusselseweg ist es nicht weit, und der führt geradewegs nach Belgistan, wo der Tabak und der Kaffee billiger und die Cafés fraglos origineller sind. Auf dem Weg dorthin passiert man das Lanakerveld, wo vor 7.000 Jahren die Bandkeramiker zugange waren und 1568 die »Schlacht am Lanakerveld« hätte stattfinden sollen, aber nicht stattfand. Trotzdem fand sie Eingang in den Text der »Wilhelmus«, der Nationalhymne der Niederlande.

108 Die Wunderkammer

Das Museum mit den Bienen

Das Naturhistorische Museum ist weltberühmt für seinen Mosasaurusschädel, genannt Bèr, den man 1998 am St. Pietersberg gefunden hat. Man kann hier auch die Rekonstruktion des Skeletts eines kompletten Mosasaurus bewundern. 2012 wurden schon wieder Knochen des prähistorischen Meeresbewohners in der ENCI Grube (siehe Seite 228) ausgegraben. Für das Museum ist das jedes Mal eine kleine Sensation, doch sein Charme liegt auch und besonders in den vielen anderen Wundern, die es hier zu entdecken gibt.

Verlaufen kann man sich schwerlich, was nicht heißt, dass man hier schnell durch ist. Dafür gibt es auf zwei Etagen plus Minikeller viel zu viel zu sehen. Manches Highlight schlummert im Verborgenen. Die echten Bienen zum Beispiel. Sie sind im oberen Stock in der Abteilung »Insekten«, an der man leicht vorbeiläuft. Dort befindet sich die blaue Kiste mit den beiden Türen, die man nur zu öffnen braucht, um den kleinen Rackern bei der Arbeit zuzusehen. Großartig sind auch die Dia-Betrachter im gleichen Raum. Ein Blick in die Okulare und ein Druck auf einen Knopf: Wow! 3-D-Dias, vollanalog und vollmechanisch. Man kann sich gar nicht sattsehen. Der phantastische Vogelstimmenkasten, die Dioramen im Keller und der »braune« Raum mit den Präparaten, Fossilienfunden und ausgestopften Tieren aus dem 18. Jahrhundert … Nostalgiker kommen hier voll auf ihre Kosten. Bei alldem ist das Naturhistorische Museum keineswegs unzeitgemäß, wie die Präsentation von Bèr im modernen Glaskubus im Garten beweist.

Der Garten, der 1913, also ein Jahr nach der Eröffnung des Museums, angelegt wurde, ist ein spezieller Tipp. Schon von der Bonnefantenstraat aus kann man die einladende Oase am gegenüberliegenden Jekerufer sehen.

Besonders bei schönem Wetter sollte man sich einen Nachmittag Zeit nehmen, um ihn dort mit einem guten Buch zu verbringen. Lesen soll ja auch wieder trendy sein.

Adresse De Bosquetplein 7, 6211 KJ Maastricht, Tel. 0031/433505490 | **ÖPNV** schlecht zu erreichen, entweder Busse 4, 150, Haltestelle St. Pieterstraat, oder Busse 3, 4, 9, 34, Haltestelle Tongersestraat | **Öffnungszeiten** Di–Fr 11–17 Uhr, Sa, So 13–17 Uhr | **Tipp** Ums Eck sind zwei historische Sehenswürdigkeiten. Zum einen das berühmte »Haus über dem Jeker« in der Bonnefantenstraat, das im 17. Jahrhundert aus Platzmangel über dem Fluss gebaut wurde, und zum anderen eines der wenigen erhaltenen Fragmente der ersten Stadtumwallung (Looiersgracht).

109_Das Zeezicht

Bei Jack & Lobina »niet op de Piano zitten A.U.B«

Wie kamen Jack und Lobina zum Zeezicht, und warum heißt es Zeezicht, wo doch weit und breit keine See in Sicht ist? Die Nacht-Bar »Extase« litt 1972 offenbar unter einer gewissen Lethargie. Als eine neue Besitzerin aus Rotterdam sie übernahm, überlegte die sich, dass der rote Samt weg- und ein neuer Name hermusste. Die Legende sagt, dass gerade Bauarbeiten in der Straße im Gange waren (merke: Sandhügel), und dass es gegenüber einen Friseursalon gab (merke: Dauer*wellen*). Das alles soll die Dame imaginativ kombiniert haben und so auf den Namen »Zeezicht« gekommen sein.

Lobina, die hier in der Stenenbrug aufgewachsen ist, spielte schon als Kind auf den Stufen des Zeezicht und dachte bei sich: So ein Lokal hätte ich auch gerne mal. – Nach mehreren Besitzerwechseln und unschönen Geschichten, die sich um Drogen- und Waffenhandel drehen, stand das Objekt vor zehn Jahren wieder einmal zum Verkauf, und Lobina und Lebensgefährte Jack schlugen zu. Diesmal blieb der Name. Jack und Lobina machten mit viel Enthusiasmus das »Wohnzimmer« des Jekerquartiers daraus, wo man schnell ins Gespräch kommt, früh beim sechsten Bier ist und sehr spät geht, weil man sich von so vielen netten Menschen verabschieden muss.

Alle, die sich inzwischen das Rauchen abgewöhnt haben, wird es ärgern, aber man muss es als ausgleichende Gerechtigkeit betrachten: Der schönste Raum im Zeezicht ist die Rookkamer. Seit Neuestem dürfen die niederländischen Wirte die Gäste in den Raucherzimmern nicht mehr bedienen, das heißt, dass man sein Bier selbst hierher tragen muss. Das nimmt man als Raucher, inzwischen an jede Form der Diskriminierung gewöhnt, aber gerne hin. In der urgemütlichen Kammer, der Begriff passt gut, stehen zwei Pianos, und man kann an zwei rustikalen Tischen sitzen. Nichtraucher sind willkommen, solange sie sich nicht über den Qualm beschweren und sich nicht auf die Pianos setzen.

Adresse Stenenbrug 6, 6211 HP Maastricht, Tel. 0031/433100815 | **ÖPNV** Busse 4, 150, Haltestelle St. Pieterstraat | **Öffnungszeiten** Mi–So 13–2 Uhr | **Tipp** Das merkwürdigste Raucherzimmer Maastrichts ist im Irish Pub »Shamrock«, Brusselsestraat 49. Es sieht aus wie ein Haltestellenhäuschen und hat eine Schiebetür. Die Raucher darin zu beobachten ist amüsant. Rein will man da aber nicht müssen.

110_Die Zementfabrik

Das Ende der ENCI

Eigentlich kaum vorstellbar, dass man neben einem Zementwerk gemütlich sitzen und Kaffee trinken kann, aber das Café »Châlet d'n Observant« neben der Zementfabrik ENCI ist auf seine spezielle Art nicht übel, und eine Stippvisite bietet sich vor oder nach einem Spaziergang in der Gegend an. An den konstanten Summton, den die Fabrik im Hintergrund verbreitet, gewöhnt man sich recht schnell. Die ENCI, deren ausgeschriebener Name »Eerste Nederlandse Cement Industrie« lautet und damit ein wenig an die in sozialistischen Staaten gebräuchliche Nomenklatur erinnert, ist hier seit 1926 tätig. Der Kalk, den man für die Zementproduktion benötigt, wird aus einer 135 Hektar großen Grube direkt nebenan gefördert. Aufgrund dieses massiven Eingriffs in den Naturraum ist die ENCI ein Politikum in Maastricht, und die Diskussion wird auch nicht mit dem Ende des Abbaus im Jahre 2018 und der dann beginnenden Renaturierung der Grube beendet sein. Ein Gutes hatte die Buddelei jedenfalls: Man fand dabei einige Mosasaurusse, die der Wissenschaft ansonsten durch die Lappen gegangen wären. Das Betreten der Grube ist momentan nur unter fachkundiger Führung erlaubt.

Am Châlet (die Bezeichnung birgt eine gewisse Selbstironie) starten auch die momentan durch das Fremdenverkehrsamt angebotenen Führungen durch die Grube und durch Teile der Zementfabrik. Die Grube ist landschaftlich reizvoll – tatsächlich sieht es hier stellenweise aus wie auf dem Mars –, und seit April 2014 gibt es auch eine Tour, die den Besuch der Grube »de Schark« einschließt, wo sich eine amerikanische Kriegsgedenkstätte befindet. Die Umgebung der ENCI-Grube lässt sich selbstverständlich auch auf eigene Faust erkunden. Nach wenigen hundert Metern verflüchtigt sich das merkwürdige Geräusch der Fabrik, und man kann ungestört ausgedehnte Wanderungen durch die phantastische Landschaft am St. Pietersberg unternehmen.

Adresse Lage Kanaaldijk 113, 6212 NA Maastricht | ÖPNV nicht durch den öffentlichen Nahverkehr erschlossen, also am besten mit dem Pkw zu erreichen | Öffnungszeiten Café »Châlet d'n Observant«: Fr–So 11–18 Uhr, Buchung der Führungen über die Webseite www.vvvmaastricht.nl oder unter Tel. 0031/433252121 | Tipp In naher Zukunft sollen die Gebäude der ENCI, deren Ende absehbar ist, von der sogenannten Kreativindustrie genutzt werden. Einige Künstler sind bereits eingezogen. Wer die Ateliers besuchen möchte, kann sich vor Ort verabreden.

111 Das Zondag

Die Besten im Osten

Was genau den Charme des Café Zondag ausmacht, darauf kann man nur schwer den Finger legen. Vermutlich ist es eine Mischung aus allem, dem Flair, dem Publikum und dem Anspruch, jeden Tag die besten Sandwichs und Getränke zu servieren. Als das Zondag 2001 eröffnete, war Wyck noch kein »Szeneviertel«, die Entscheidung, auf »diese Seite des Flusses« zu gehen, aber goldrichtig. Heute liegt es mitten in der vibrierenden Einkaufsmeile um die Wycker Brugstraat und die Rechtstraat, zu deren Entstehen es sicher einen Gutteil beigetragen hat.

Im Sommer sitzt man im Zondag am besten an einem der Fensterplätze oder draußen, obwohl einem der Verkehr auf der Wycker Brugstraat quasi über die Füße rollt. Auch das macht eben das Besondere und den Unterschied zur weitgehend von Autos befreiten Innenstadt aus. Die Bedienung ist »slow«, so wie das slow in »Slow Food«, und man hat, zumindest tagsüber, den Eindruck, dass auch die Gäste innerlich einen Gang zurückschalten. Sonntagsgefühl eben. Und genau das ist auch die Idee, die bei der Namensgebung Pate stand. Die kleine, aber feine Speisekarte kann man rauf und runter essen. Es gibt nichts, was nicht zu empfehlen wäre. Sehr erwähnenswert ist, dass im Zondag statt uninspirierter Spotify-Playlisten immer ausgesucht geschmackvolle Musik läuft.

Abends und am Wochenende ist das Café dann eher eine Bar. In der Regel gibt es jeden Freitag Veranstaltungen, außer im Sommer. Das können Ausstellungseröffnungen oder Konzerte sein, für die die Tische dann beiseitegeräumt werden. Es passt zum Zondag, dass sich hier die lokalen Helden die Klinke in die Hand geben. Neudeutsch gesprochen ist es das Community-Café in Maastricht, wo sich die jungen und jung gebliebenen Wilden tummeln. Ein kommunikativer Ort und wohl der einzige in der Stadt, an dem auf der Rechnung, neben Euros, noch Gulden ausgewiesen werden. Warum auch immer.

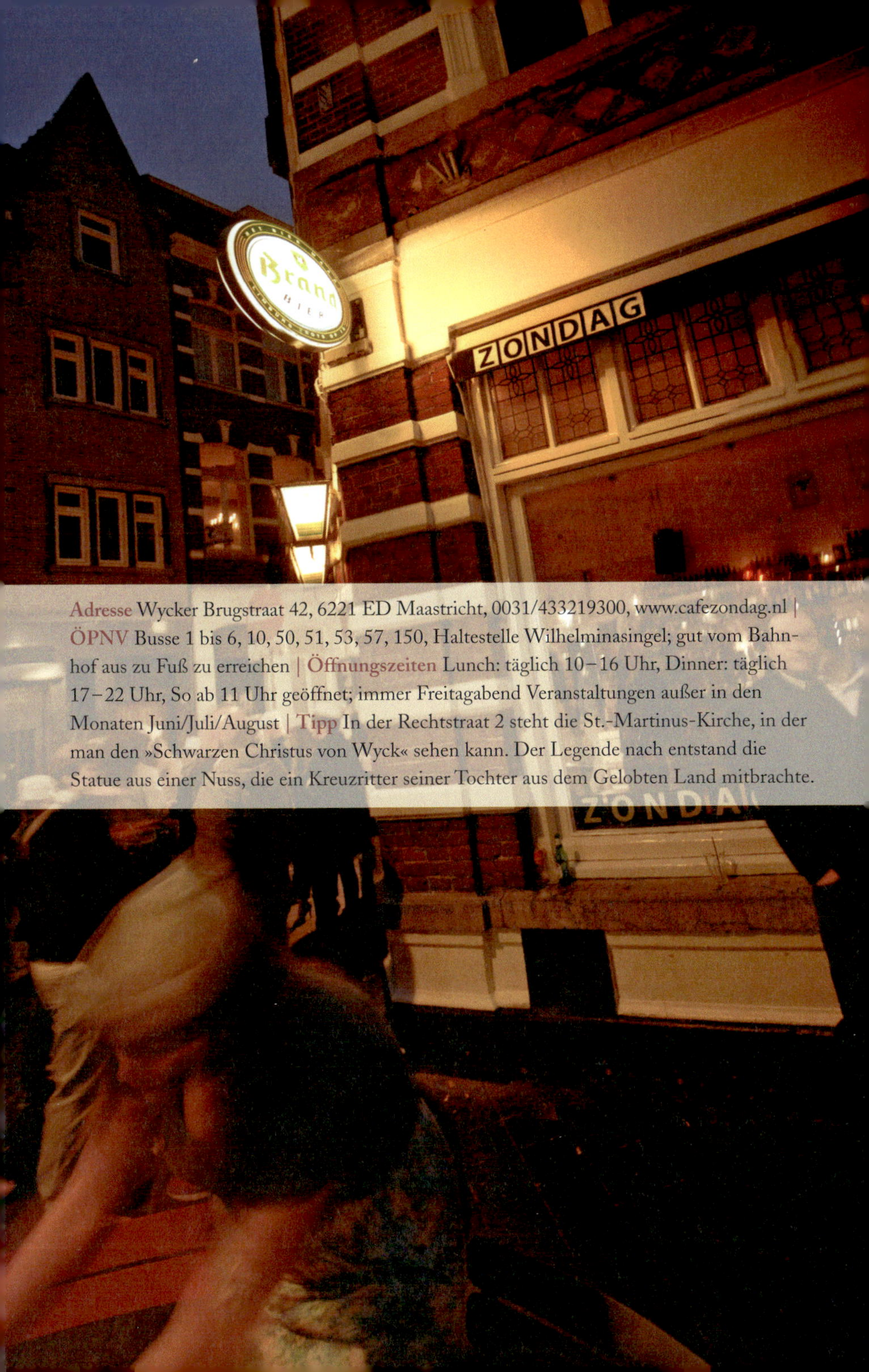

Adresse Wycker Brugstraat 42, 6221 ED Maastricht, 0031/433219300, www.cafezondag.nl | ÖPNV Busse 1 bis 6, 10, 50, 51, 53, 57, 150, Haltestelle Wilhelminasingel; gut vom Bahnhof aus zu Fuß zu erreichen | Öffnungszeiten Lunch: täglich 10–16 Uhr, Dinner: täglich 17–22 Uhr, So ab 11 Uhr geöffnet; immer Freitagabend Veranstaltungen außer in den Monaten Juni/Juli/August | Tipp In der Rechtstraat 2 steht die St.-Martinus-Kirche, in der man den »Schwarzen Christus von Wyck« sehen kann. Der Legende nach entstand die Statue aus einer Nuss, die ein Kreuzritter seiner Tochter aus dem Gelobten Land mitbrachte.

1
3
Bovenstraat
Brusselseweg
Via Regia
Cabergerweg
Bosscherweg
Herdersingel
Prins Bisschopsingel
Keurmeestersdreef
Aureliushof
Javastraat
Tongerseweg
Bieslanderweg
Mergelweg
Luikerweg
Maasboulevard
Cannerweg
Albertkanaal
55
12
46
86
47
107
31
105
63
56
84
4
103
69
28
85
77
66
78
53
49
110
96

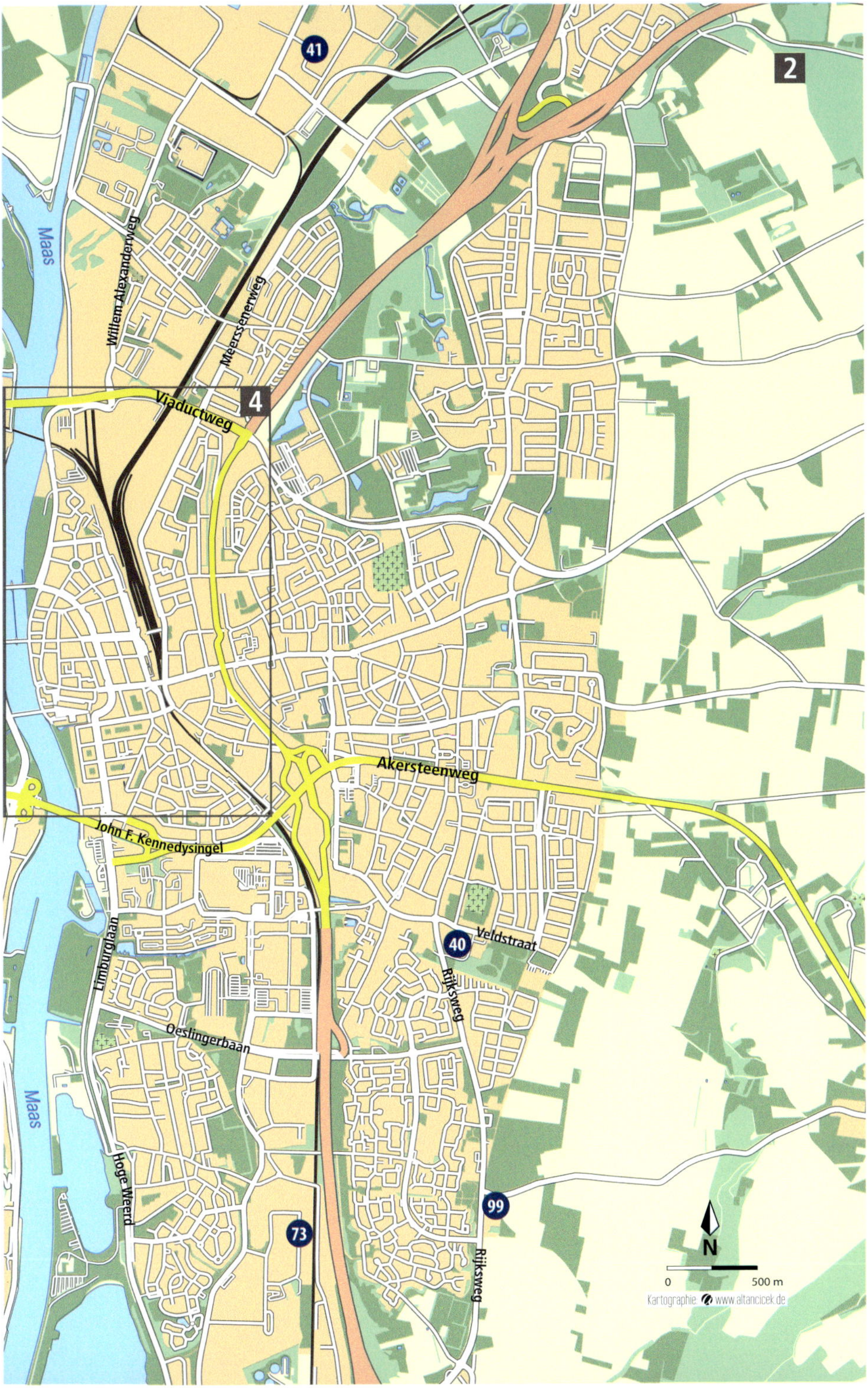

2
41
Maas
Willem Alexanderweg
Meerssenerweg
4
Viaductweg
Akersteenweg
John F. Kennedysingel
Veldstraat
40
Limburglaan
Rijksweg
Oeslingerbaan
Maas
Hoge Weerd
99
73
Rijksweg
N
0
500 m
Kartographie: www.altancicek.de

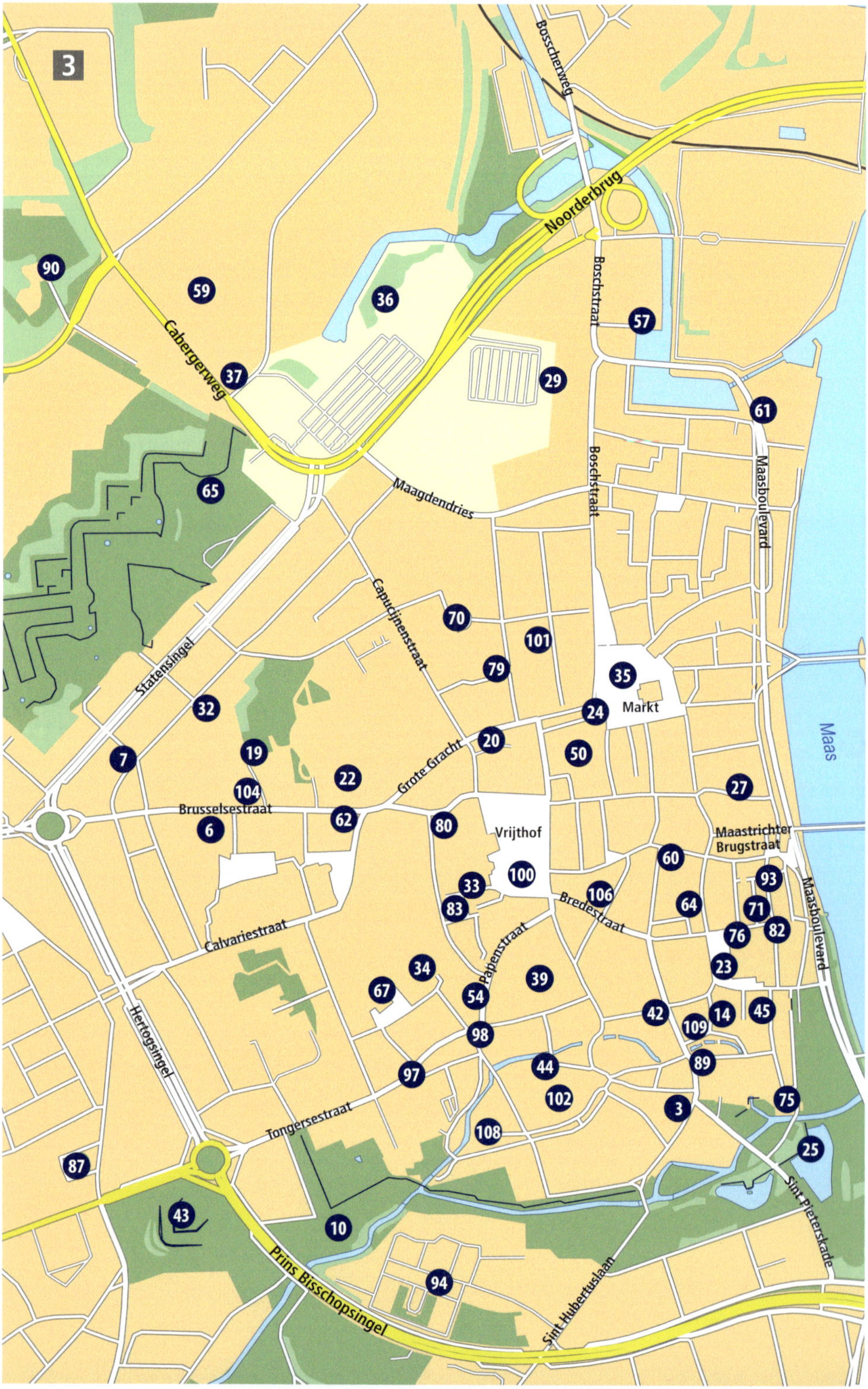
3
Bosscherweg
Noorderbrug
Boschstraat
Cabergerweg
Maagdendries
Maasboulevard
Capucijnenstraat
Statensingel
Markt
Maas
Grote Gracht
Brusselsestraat
Vrijthof
Maastrichter Brugstraat
Bredestraat
Calvariestraat
Papenstraat
Hertogsingel
Tongersestraat
Sint Pieterskade
Sint Hubertuslaan
Prins Bisschopsingel
90
59
36
57
37
29
61
65
70
101
79
35
32
24
20
50
7
19
22
104
27
62
6
80
60
100
33
106
93
83
64
71
76
82
34
39
23
67
54
42
14
45
109
98
44
89
97
102
3
75
108
25
87
43
10
94

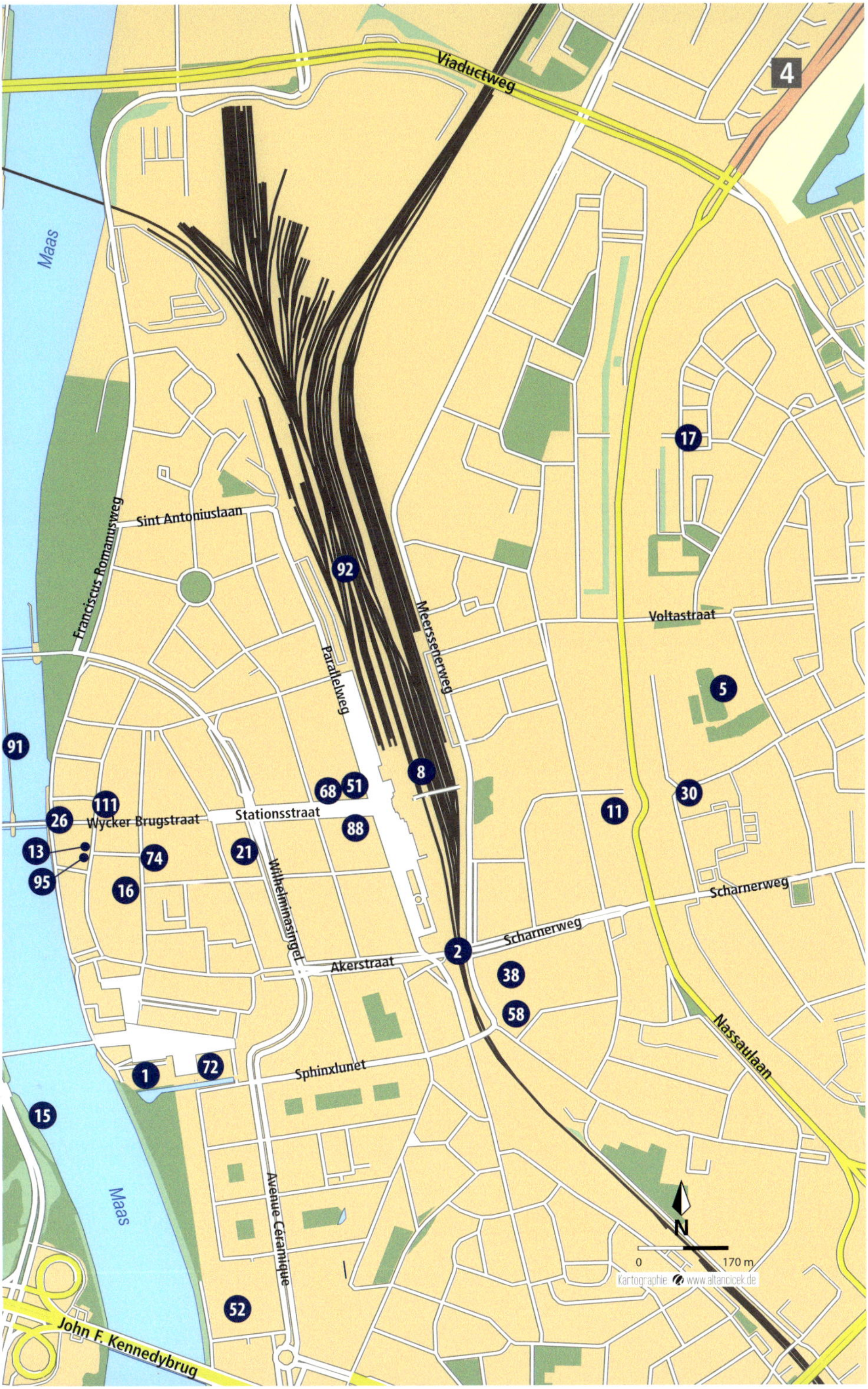
4
Viaductweg
Maas
Sint Antoniuslaan
Francíscus Romanusweg
Meerssenerweg
Parallelweg
Voltastraat
Wycker Brugstraat
Stationsstraat
Wilhelminasingel
Scharnerweg
Scharnerweg
Akerstraat
Nassaulaan
Sphinxlunet
Maas
Avenue Céramique
John F. Kennedybrug
N
0
170 m
Kartographie: www.altancicek.de
17
92
5
91
8
68
51
30
111
11
26
88
13
74
21
95
16
2
38
58
72
1
15
52

48
81
Itteren
Bunde
Lanaken
Maas
Meerssen
Borgharen
9
1
2
Veldwezelt
3
4
MAASTRICHT
NIEDERLANDE
Maas
BELGIEN
Gronsveld
Eben-Emael
N
0
1 km
Kartographie: www.altancicek.de

Rüdiger Liedtke
111 Orte auf Mallorca, die man gesehen haben muss
ISBN 978-3-89705-975-7

Susanne Thiel
111 Orte in Madrid, die man gesehen haben muss
ISBN 978-3-95451-118-1

Ralf Nestmeyer
111 Orte in der Provence, die man gesehen haben muss
ISBN 978-3-95451-094-8

Peter Eickhoff
111 Orte in Wien, die man gesehen haben muss
ISBN 978-3-89705-969-6

Stefan Spath
111 Orte in Salzburg, die man gesehen haben muss
ISBN 978-3-95451-114-3

Gerald Polzer, Stefan Spath
111 Orte in Oberösterreich, die man gesehen haben muss
ISBN 978-3-95451-857-9

Dirk Engelhardt
111 in Barcelona, die man gesehen haben muss
ISBN 978-3-95451-066-5

John Sykes
111 Orte in London, die man gesehen haben muss
ISBN 978-3-95451-117-4

Annett Klingner
111 Orte in Rom, die man gesehen haben muss
ISBN 978-3-95451-219-5

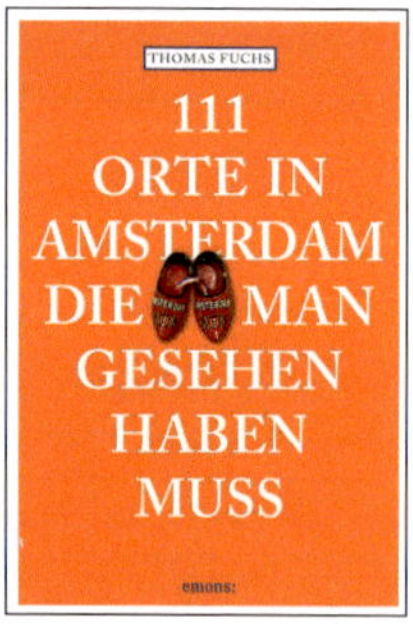

Thomas Fuchs
111 Orte in Amsterdam, die man gesehen haben muss
ISBN 978-3-95451-209-6

Stefan Spath, Gerald Polzer
111 Orte im Salzkammergut, die man gesehen haben muss
ISBN 978-3-95451-231-7

Christiane Bröcker, Babette Schröder
111 Orte in Stockholm, die man gesehen haben muss
ISBN 978-3-95451-203-4

Sabine Gruber, Peter Eickhoff
111 Orte in Südtirol, die man gesehen haben muss
ISBN 978-3-95451-318-5

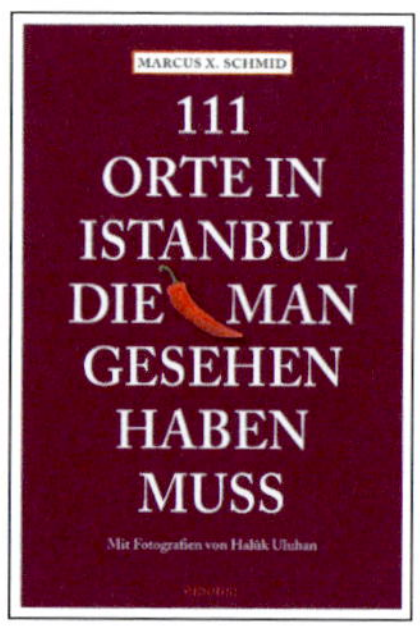

Marcus X. Schmid
111 Orte in Istanbul, die man gesehen haben muss
ISBN 978-3-95451-333-8

Alexander Barth
111 Orte in Aachen und der Euregio, die man gesehen haben muss
ISBN 978-3-89705-931-3

Lucia Jay von Seldeneck, Carolin Huder, Verena Eidel
111 Orte in Berlin, die man gesehen haben muss
ISBN 978-3-89705-853-8

Peter Eickhoff
111 Düsseldorfer Orte, die man gesehen haben muss
ISBN 978-3-89705-699-2

Bernd Imgrund
111 Kölner Orte, die man gesehen haben muss
Band 1
ISBN 978-3-89705-618-3

Dank

Dank an Berto Aussems, Felix van de Beek, Ruud Beerens, Bram Borsboom, Ben Brack, William Buil, Ger Coolen, David Deprez, Paul Devens, Chantal Le Doux, Mique Eggermont, Frans Hermans, Eddy Hilberts, Bert Janssen, Alexander Kirch, Dymph Korse, Marie-Claire Krell, Leo Lamberti, Dieter Lievens, Marjolijn Mandersloot, Jos van Maastricht, Jo Meessen, Servé Minis, Ray Moon, Hubert Mommers, Jo Morreau, Irene Papaikonomou, John Prop, Paul Rondags, Akkie Sewalt, Chrys Steegmans, Rebekka Straetmans, Paul Tieman, Paul und Anni Toulouse, Rob Truijen, David Valenta, Ton Wackerzapp, Lucy Willems, Nicole van Wordragen und an all die vielen anderen, die durch ihr Engagement zur Entstehung des Buches beigetragen haben.

Besonderer Dank gilt Paul Jonas, Oscar Creemers und Daisy Limpens, denen dieses Buch gewidmet ist.

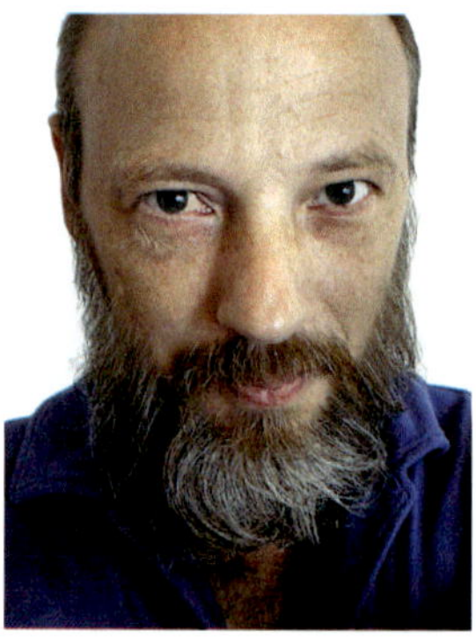

Der Autor

Eckhard Heck, geboren 1962 im Saarland, ist selbstständiger Autor und Fotograf. Seit 1987 lebt und arbeitet er in Aachen und genießt sowohl beruflich als auch privat die Vorzüge der geografischen Nähe zu den niederländischen Nachbarn, über die er regelmäßig berichtet.